建筑院士访谈录

郑时龄

建筑学专家，中国科学院院士、法国建筑科学院院士。1941年11月生于四川成都，原籍广东惠阳。1965年本科毕业于同济大学建筑专业，1993年同济大学建筑系研究生毕业，获博士学位。同济大学建筑与城市空间研究所教授。长期从事于建筑设计理论研究工作。运用建筑本体论以及与之相应的方法论，引用中、西方人文主义思想，撰写了著作《建筑理性论》，建构了"建筑评论"体系，出版了《建筑批评学》专著，提出了一整套建筑评论的具体方法。对上海近代建筑作过深入细致的研究，出版专著《上海近代建筑风格》。积极参与建筑创作实践活动，主持设计了上海南京路步行街城市设计、上海复兴高级中学、上海朱屺瞻艺术馆、上海格致中学教学楼、上海至北京高速火车沿线方案等。2001年当选为中国科学院院士。

郑时龄教授在30多年的建筑创作实践中，致力于将设计与建筑理论相结合，追求创作活动的学术价值；并将学术思想融于建筑教学之中，形成自成一体的建筑教学思想，他的专注《建筑理性论》和《建筑批评学》建立了"建筑的价值体系和符号体系"这一具有前沿性与开拓性的理论框架。后者以批判精神面向未来建筑的发展，奠定了这门综合科学的理论基础，填补了该领域的空白，并应用该理论在上海建筑的批评与建设实践中起了重要的作用。《上海近代建筑风格》专著获2000年上海市优秀图书一等奖。

曾多次应邀在意大利、美国、加拿大、日本、法国、德国、西班牙、荷兰、韩国和希腊等国的大学和学术论坛上作学术报告和主题报告。

图书在版编目（CIP）数据

郑时龄 / 本社编. — 北京：中国建筑工业出版社，2014.6
（建筑院士访谈录）
ISBN 978-7-112-16872-9

Ⅰ.①郑… Ⅱ.①本… Ⅲ.①郑时龄—访问记 Ⅳ.①K826.16

中国版本图书馆CIP数据核字(2014)第102117号

丛书策划：王莉慧　郑淮兵
责任编辑：杜一鸣
书籍设计：肖晋兴
责任校对：姜小莲　党　蕾

建筑院士访谈录
郑时龄
本社 编
*
中国建筑工业出版社出版、发行（北京西郊百万庄）
各地新华书店、建筑书店经销
北京市晋兴抒和文化传媒有限公司制版
北京顺诚彩色印刷有限公司印刷
*
开本：965×1270毫米　1/32　印张：5½　字数：230千字
2014年7月第一版　2014年7月第一次印刷
定价：30.00元
ISBN 978-7-112-16872-9
(25528)

版权所有　翻印必究
如有印装质量问题，可寄本社退换
（邮政编码　100037）

建筑院士访谈录

郑时龄

本社 编

中国建筑工业出版社

编者的话

院士作为我国最高层次学术水平的大专家，在各个行业都有代表。细分之后，专注于建筑领域的院士仅仅数十人，涵盖了建筑设计、结构、文化等多个领域，每个人在其专业领域中可谓学术之集大成者，有着丰富的人生阅历、专业经验以及学术积淀，而我们多数人都仅仅看到院士们的成功，看不到院士们为此付出的努力和艰辛。如何展示院士成功背后不为人们所知的故事，展示其生活和工作中的甜酸苦辣，就成为丛书的源起和旨归。

从现实角度考量，这些院士们大多年事已高，且依然承担着纷杂的专业事务，有的甚至还站在专业事务的第一线，承担着繁重的科研和设计任务。如果约请他们以一种严格的著书立说的方式来呈现，是院士们难于承担，或者说不愿意承担，且承担不起的难题。这不仅不现实，也是不近人情的安排。有鉴于此，我们采取了较为灵活的方式，首次选取了我国10位从事建筑学研究和建筑创作的院士，在他们匆忙的事务活动中，见缝插针地安排了面对面的采访，通过问答的形式，配以同期录音和录像，在尽可能少地占用院士们的时间（一般一个院士也仅仅采访一两天的时间）的情况下，完成资料的采集工作。之后，经过我们的精心整理，补充资料，就成了目前这一套《建筑院士访谈录》。

丛书力图通过人物肖像摹写的方式向读者展示院士们真实的工作和生活，真实地表现院士们喜怒哀乐，原原本本地展示院士们的真性情，以及他们最富于启迪性的一面。是国内首次以访谈录的形式展示建筑学院士创作与思想的丛书。

以下揭橥本书的意趣：

——我们不讨论身份、称号还有荣誉，我们不塑造光辉高大的形象，我们希求以最为朴素的文字和并非精心安排的方式，还原各种平淡无奇却意味无穷的工作与生活！

——我们不宣扬成功学，我们不寻求关键的锁钥——虽然我们并不惮于讲述成功的故事，更不是呈献励志的心灵鸡汤，我们倾向于寻迹每一个脚印，还原人生点滴，以至微至细的人生本真，逼近普通而真实的成功！

——我们关注现实情怀，关注认真和专注的态度，还有每一种伟大背后的真实内涵！

沈元勤

中国建筑工业出版社社长

目 录

第1章 成长篇   10
    纵览人生   11
    求学时代   26
    动荡岁月   30
    专业路途   33

第2章 设计篇   42
    上海印象   43
    思考浦东   60
    参与世博   69
    世博后说   93
    倾心设计   98

第3章 内涵篇   106
    师友影响   107
    瞭望世界   111

中外对比	119
读书问道	124
学术思想	130

第4章 交流篇 148
院士感悟 149
名师推荐 157
行政心得 160

第5章 寄语篇 168
高校时弊 169
点拨后人 173

第 1 章

成长篇

纵览人生

采访者：首先请简要地谈谈您的人生经历。

郑时龄：一个人的一生会有各种经历，每个人的一生都是一部历史，都充满了意义。但是我们都有自己的人生道路，不可能复制别人的经历，唯一相同的就是我们都有过学校生活，都曾经遇见过指导我们、帮助并关怀我们的老师和友人。今天回忆起来，我仍然认为，中学阶段对于一个人的成长起着至关重要的作用，这是渴求知识的阶段，接受新事物的阶段，对于性格和个人素质的形成起着重要的作用，是人生中的一个十分关键的阶段。

小学阶段我在虹口区第三中心小学就读，小学生活如今已经淡忘了。只记得那时的教导主任很凶，对学生很严厉，每天早上站在操场中间看着学生进校，我们都设法绕开这条路，不敢从他面前走过。还记得学校有一幢3层楼房，那时的感觉已经很是高大。

1953年我考入复兴中学。在复兴中学给我最大的感受是每个学生的全面发展都得到激励，每一位老师都是自己那个领域的专家，让我们充分领受科学和知识的力量。直到今天，很多老师的音容笑貌依然历历在目，仿佛刚发生在昨天。那时候，我们要上语文、历史、政治、地理、代数、几何、物理、化学、生物、英文、美术、音乐、体育等课程，虽然不是每个人都喜欢所有各门课程，但是同学们都如饥似渴地吸收知识。那时候，正流传一句口号："知识就是力量"。这是英国的文艺复兴学者培根说的，当时苏联一份普及科学技术的杂志《知识就是力量》也翻译成中文出版，成为我们学生接触科学技术的启蒙读物。初中二年级的时候，曾经担任中国科学院院

郑时龄童年照片

长的路甬祥也在我们班上读过一个学期。据同学回忆，当时同学之间打打闹闹是家常便饭，还有人打过这位未来的重要人物的脑袋取闹呢。我所在的班级是一班，是全年级六个班中年龄相对最小的一班，班主任是数学老师，所以许多同学的数学学得特别好。高中毕业考大学时，全班49位同学有10位同学考取了数学系，其中三位考入复旦大学的数学系。

初中的时候，复兴中学还有劳动实践课，记得我们的教室就在靠近校门口的一排矮平房里，今天已经翻建成新的教学楼。这排教室曾经改成实习工场，我们还在实习工场的车床上车过螺丝帽。那时候有一位教地理的老师还把家里的一辆旧汽车送给学校，增加大家对工业品的感性认识。在学校前操场的东侧还有一个小花园和暖房，我们在课间休息时还可以在花园和操场上玩，篮球有时候会飞过围墙抛到四川路上。沿学校西面围墙旁边是一排平房，我们的船模兴趣小组就设在里面。1958年我们还曾经在学校的后操场上炼过钢。

我们当时接受的是苏联的社会主义理想教育，也有中国的社

1956年 高中一年级

主义和共产主义教育,努力把自己培养成全面发展的人。看的书都是《保卫延安》、《铁道游击队》、《真正的人》、《普通一兵》、《远离莫斯科的地方》这一类小说,还有就是俄罗斯文学,例如契诃夫、果戈理、托尔斯泰、普希金、屠格涅夫的作品。再就是许多描写探险家的书,例如南森、阿蒙森等。对西方文学的了解也就是马克·吐温的《汤姆·索耶历险记》、儒·凡尔纳的《海底两万里》、《格兰特船长的儿女》这一类。我真正接触西方文学是到读大学的时候,当时同济大学的文学类图书是开架的,学生可以在书库浏览。这些文学作品所描写的环境可能对于今天的青年学生来说,已经相差十万八千里,可我还是认为青年人应当富于理想,充满乐观精神地对待我们面前的挑战,学习书中的优秀人物。这种精神使我们这一代人愿意接受挑战,高高兴兴地面对各种困难,对于自己从事的事业总是十分执着,十分投入,不悲观,不怨天尤人,不气馁,不放弃。

我们很庆幸在人生发展的最重要阶段遇到了许多好老师,班主任胡冠琼老师把我们当作自己的子女来培养和教育,十分敬业。直至今天,同学们仍然与胡老师保持着联系,2012年还聚在一起庆祝

1959年毕业于复兴中学

她的 95 岁寿辰。中学时代的教育似乎没有多少空话，也不提什么素质教育，却是真正实施了素质教育，这种教育起着潜移默化的作用。那时的老师们信奉这样的思想："教育者必先受教育"，老师言传身教，在各方面都首先是学生的楷模。许多老师是他们各自领域的专家，都出版了著作。我们那时的功课可能没有今天的学生这么重，我们会有时间参加兴趣小组，参加社会工作。但是这丝毫也不影响学习，我们培养了自学能力和独立思考能力，这使我们终身受用。中学老师教给我们的不仅是知识，更重要的是学习的方法，读书的哲理。

复兴中学培养了许多人才，著名的导演俞洛生，演员祝希娟、曹雷、肖长林等都是复兴中学培养的，我们班的同学严敏求后来也成为北京人民艺术剧院的演员，我们至今还能在电视剧中见到她的表演。我们也有好几位很好的语文老师，其中有一位朱健夫老师，他十分热爱文学，组织了学校话剧团，当时排演一部根据苏联的小说改编的话剧《米拉姑娘》。朱老师在给我们上语文课时，倾注了深厚的感情，讲到动情之处，打动了每一个学生。他当时教的课文像归有光的《项脊轩志》和姚鼐的《登泰山记》至今还能朗朗上口。虽然我在考大学时最后选择了建筑学，但是，我这一生始终会热爱文学。而且我现在从事的建筑理论研究如果没有文学和历史学的基础，恐怕也是不行的。我还记得我们的历史课宗震益老师，他在课堂上用慷慨激昂的声调讲授古罗马的斯巴达克斯，给我们讲解太平天国。高中一年级的时候，社会上对太平天国有很多讨论，我也很感兴趣，把当时能找到的关于太平天国的历史书囫囵吞枣地看了一遍，记得有罗尔纲的书，还写了一篇读书心得，虽然纯属读故事，

老上海建筑

但可以说是我最早与历史的结缘，让我这一辈子都热爱历史。今天我也在努力用生动的方式教学生建筑史和艺术史。高中的时候，我的英语基础不够，那时候就在老师指导下大声朗读课文，背诵课文，也就渐渐过了关。

在复兴中学时，课余时间担任过许多社会工作，少先队大队长、少先队辅导员、共青团团支部书记等，社会工作对于学生来说是很好的锻炼，接触同年级同学，也接触低年级的同学，同时也是对自己的鞭策，培养自觉严格要求自己的习惯，培养工作能力、了解人和待人接物的能力。

高中毕业后，我考取了同济大学建筑学专业。我们的大学生活充满了酸甜苦辣，在那个极左但是又充满理想的年代，经历过三年自然灾害、四清运动和设计革命运动，住过施工工地的工棚，也住过农村和农场的茅屋。六年的大学生活大约只有三分之二的时间可以读书，到工厂和农村劳动锻炼成为我们的重要课程之一。越是没有时间读书，就越是促使我们抓紧一切时间读书，清晨一早就起来在校园里读英文，平时也是书不离手，为此我还被说是走"白专道路"。到快毕业了，学校让我们到崇明岛搞四清运动，住在最穷的一户人家，打地铺睡觉，隔壁就是羊圈。搞了一个月的四清又突然让我们回学校参加毕业设计，我被分在杭州做毕业设计，题目是延安饭店的冷库，算是技术性比较强的工作，一直画到施工图。学建筑应当视野开阔，多学科交叉，知识面要广。学校课程比较多，我们的学制是六年，1965年7月，经过六年的学习，我从同济大学建筑学专业毕业。

大学毕业后我被分配到第一机械工业部第二设计院在贵州遵义

的筹建处，先是劳动锻炼一年。不久，遇上"文革"，我们返回上海参加"文化大革命"。我没有参加运动，先是参加铜管乐队，学吹单簧管，人们在跳"忠"字舞，我们伴奏，后来得了一场肺炎，就"退休"了。以后由于我们读建筑的都学过美术，就随搞建筑的同事参加了"红画笔"，专门画毛主席像，也参与布置室外的大批判专栏，我们院在南京路外滩竖了一大块专栏。在那个年代，在工厂、部队、学校、街道都画过毛主席像，曾经去工宣队所在的沪东造船厂和东沟船厂画毛主席像，去过军宣队所在部队画毛主席像，在上海油画雕塑创作室做过毛主席的塑像，画宣传画，布置展览会。在那个顶礼膜拜的年代，我画的毛主席像曾经被其他单位的人揭走收藏和另行张贴。在那个特殊的历史年代，没有时间思考建筑的深层次问题，但是，我并没有放弃。当别人都在"抓革命"的时候，我一直在"促生产"，在北京锅炉厂、济南第二机床厂、沈阳水泵厂、贵阳惠水险峰机床厂、十堰第二汽车厂等地搞现场设计。

在设计院里有时候也在老工程师的指导下翻译国外有关建筑和设备方面的资料，在1975年至1978年间曾经翻译过一些机床的说明书、五十铃汽车的说明书等，搞过一些新材料和构造的研究，为院刊写一些关于设计的文章和报告。为了设计杭州锅炉厂的X光探伤室，翻译了国外关于X射线和γ射线防护的资料。尽管这些领域与我的专业有很大差距，却开阔了视野，同时又不至于让外语荒废。

1978年全国开始招收研究生，到3月底扩大招生年龄后我才可以报考，从报名到考试只剩1个多月的时间，只好边工作、边复习，那时候也没有考试大纲，也不知道考试的范围，复习也无从着手。但是只能抓紧时间，复习多少算多少。星期天跑到龙井风景区去复习，那时的龙井不通汽车，很清静。5月下旬连考三天，通过初试和复试。

1978年10月，我被同济大学建筑系录取读硕士研究生，在研究生阶段，我的研究课题是体系化多层工业厂房。那时候的学习条件远不如今天，最后提交的论文自己是用小钢笔一个字、一个字地将近6万字的论文抄在透明的绘图纸上，所有的插图和图表也都用手绘，再拿去晒图，装订成册。当时攻读硕士研究生的人数不多，全系只有9名研究生。几乎所有的研究生都有实际工作的经验，有些研究生一家三口都同时在读书。在脱离学校13年后再回到书桌上，每个人都有很旺盛的精力，读书也是如饥似渴。几乎所有的老师都在关心我们，为了论文收集资料，年迈的导师还亲自陪我们学生去调研。

研究生毕业后，我留在同济大学任教，由于教师队伍的断层，我成为最年轻的教师。我担任过各种工作，教研室秘书、系的计划生育宣传员、教研室主任、副系主任、副院长、院长、校长助理、副校长等，一直到2000年"下岗"。作为教师，我教过建筑设计、建筑历史、艺术史、专业外语课、建筑理论等课程，我至今仍然在为四年级的本科生上建筑评论课，同时还为研究生开建筑理论课，带研究生，已经培养毕业了100多名研究生。

1982年春，系主任送我去同济大学的留德预备部强化德语培训，那时的我已经四十一岁，记忆力和精力已经无法与年轻人相比。但是我想考试无论如何不能拿红灯，只好笨鸟先飞，相信功夫不负有心人。待到通过国家考试，决定让我去意大利进修，于是又到北京语言学院出国部待了半年，强化学习意大利语。所以我这一辈

1985年8月26日在锡耶纳参加意大利语进修，与老师和同学合影

子几乎没有间断过学习，6年小学、6年中学、6年大学、硕士研究生学习3年，博士研究生学习3年半，强化学习德语1年，强化学习意大利语半年，在意大利进修了两年，又曾经在党校学习近半年，前前后后近28年在学习，差不多算是"光学"专业的学生了。

在当代社会快速发展的情况下，新的知识和理论、新的思潮总是源源不断出现，学科交叉也越来越复杂，新的问题源源不断地出现。这就需要我们不断学习，拓宽视野，寻找最适合自己的研究领域，同时又是适合社会需要的工作。我们在大学读书的时候，有很多局限性。那时的学科领域是封闭的，与国际学术界更没有接触，对中国的建筑，对世界的建筑都只有片面的认识，思想十分闭塞。今天我们有条件不再闭塞，但是如果我们不能宏观地看待自己的学科领域，如果只吃老本，如果我们脱离实际，还是不能有所作为。

2007年10月24日被意大利罗马大学授予名誉博士学位

因此,我们还是要推崇"光学"专业,永远要不断地学习。

1984年去意大利佛罗伦萨大学建筑学院做了两年访问学者,研究当代高科技建筑和欧洲建筑。1985年暑假期间,曾在锡耶纳大学两个月强化意大利语学习,同时进修意大利艺术史。意大利佛罗伦萨是文艺复兴的发源地,人文主义精神和文艺复兴艺术对我的熏陶是十分明显的,这两年的进修对我这一生的影响极为深刻。1989年初又应邀去美国伊利诺大学艺术与应用艺术学院担任乔治·密勒客座教授。在美国的半年经历使我可以对比欧洲和美国的文化和社会,尤其是认识现代世界建筑的发展,了解它们的异同和各自的文化背景。当我在1990年开始攻读建筑历史与理论专业博士学位时,已经担任同济大学建筑与城市规划学院的副院长,1992年担任院长。既要担任行政工作,参加各种会议,又要参加教学,开展

2006年主持的世博会研究课题通过评审

国内外学术交流。撰写论文就好比是上海人生煤球炉子，火刚刚煽旺就不得不去做别的事情，等到回过头来再去写论文时，又要重新把炉火煽旺。而且那时候还没有电脑，论文是自己用打字机写的。我在学位论文中思考了建筑的根本问题，尤其是中国当代建筑的本质问题时，意识到最根本的是建筑的价值体系和符号体系的问题。1981年我40岁，获得工学硕士学位，1993年，当我52岁时才获得工学博士学位。2001年，我被选为中国科学院院士，这年我60岁。2007年，意大利罗马大学授予我名誉博士学位，这时，我已经66岁。

1997年在准备1998年上海科技论坛时，给我的课题是探讨上海城市空间的未来发展。我认为上海城市空间的发展，应当结合上海的特色，应当以水为中心，充分利用黄浦江和苏州河提供的水空间。历史上，人们大多从交通运输功能上来看待黄浦江和苏州河，而并没有从生活品质的空间来考虑。这主要也是受到当时工业发展和经济条件的限制。从长远着眼，滨水的空间环境一定会从生产空间转换为公共开放空间。上海的特点也是高度的城市化、丰富的社会历史人文资源以及优秀的历史建筑，只有紧紧抓住上海城市空间的核心，实现城市空间和产业的转型，才能使上海在未来再度成为国际城市。

自1990年起，我为建筑学专业的高年级学生上建筑评论课，萌动了写《建筑批评学》的念头。1992年秋天我第二次去欧洲访问，分别去了德国和希腊，在德国蒂宾根这座古老的大学城，内卡河畔诗人荷尔德林的故居旁想到了他那首被人们广泛引用并成为建筑现象学源泉的关于诗意地栖居的那首诗，在雅典的帕提农神庙前思考艺术与建筑的关系，这本书的雏形和它的结构渐渐在脑海中浮现。历经9年，这本书才写完出版。这个梦想现在是双重意义上的实现——理论的和现实的。从2010年起，我又重写这本书，希望能融入最新的思考和研究成果，2013年5月完稿。

从1994年开始，我把研究的重点之一放在上海的历史建筑保护上。城市和建筑构成的历史是千百年自然选择和社会选择形成的批评。尽管有许许多多历史上曾经辉煌过的建筑与城市已不复存在，或只留下一些废墟或断垣残壁，甚至只存在于传说或考古发现中，然而作为历史是实存的，是现实的存在。这样一种现实代表着社会、民族、宗教、环境的发展选择，是历史的自然选择和社会选择形成的一种导向性批评。经过5年的研究，写下了《上海近代建筑风格》，直至今天我仍然在关注这个领域，试图保护上海的特色。自2004年至今，我还兼任上海市历史文化风貌区和优秀历史建筑保护专家委员会的主任。

自1998年担任上海市规划委员会城市空间与环境专业委员会主任以来，更多地关注上海的城市发展，参与了上海和全国各地许多

上海苏州河

重要工程项目的评审、策划和咨询工作，时刻关注着新生的建筑和城市的公共空间。现在，我还担任上海市规划委员会城市发展战略委员会主任委员、国务院学位委员会委员等工作。

从 2000 年起，我参与了 2010 年上海世博会的申办和筹办工作，担任世博会主题演绎总策划师、主题演绎顾问、世博研究中心的研究员等，参与世博会申办报告的英文版讨论，承担了上海市科委世博行动计划的几项研究课题，参加过各轮的世博会总体规划、控制性详细规划和许多项目的审查和讨论，也在一些国内外的世博论坛上讨论世博会的主题。直到今天还在参与世博园区的后续利用规划和建设项目的讨论，属于极少数参与世博会历史最悠久的人员之一。

在工作上，我体会到，无论从事什么工作，都需要全身心地投入。而且，每一项工作都需要长期的努力，每一项工作都将是下一项工作的准备。如果是另一种命运，让我从事其他专业，也许我仍然会努力做好。社会给了我们每个人发展成长的机遇，只有能够严格要求自己，自觉进步的人才能认识这种机遇。至今为止，我从事过许多不同的工作。建筑本身就涉及不同的领域，关键是用什么心态去对待，不断地设计自己，完善自己。

求学时代

采访者：您对上学时期的经历有什么印象和感悟吗？

郑时龄：我的初中和高中都在上海复兴中学就读。我觉得中学阶段对一个人是蛮有影响力的,这个阶段对人的成长非常关键。复兴中学有个特点,它那个时候就比较重视全面发展人文教育。那时复兴中学的老师,即便是中学老师,也能写出很多书,包括辅导教材,物理老师会写,数学老师也会写。这些书都是经过老师慎重考虑后写出来的,拓展了学生的知识面和思考能力。那个时候我觉得学校培养我们不是靠死读书,而是培养我们思考,培养我们学习的方法,我觉得这一点非常好,使我养成独立学习的习惯。我们那个时候不是只限于课堂上,也不像现在大量的辅导教材使人无所适从。那个时候的教育方式能够引导人们去思考。因为我的孙女现在也在中学学习,有时候我看她的家庭作业,看到很多现在的学生用书,我发现几乎所有的辅导书都没把事情讲清楚,其实很简单,把所有基本概念都讲清楚,然后再有例子举就很好,把它拓展。但我们现在这个书就没有做到这个,很多都是不清晰的概念来回地重复,没有花很多心思用在教育上。我们读书的那个时候的中学老师确实花很多心思在教学上。

那个时候我觉得我们会有很多课余的时间,而且那个时候的老师都很尽心尽责。班主任像对待自己的孩子那样关心学生,他会帮助你,引导你,包括学生将来升学读大学的指导,帮你考虑志愿,根据你合适的情况,一起商量读哪个学校比较合适。

也许每个人的中学时代都有过许多次设想自己的未来,而且很容易随着所见所闻变化无穷。当我看了电影《海军上将乌沙科夫》,又看了许多描写历史上的海战故事后,就曾经梦想过当一名战列舰的舰长,其实,中国到现在也没有战列舰,只是梦想而已。我的眼睛近视,当不了舰长,于是受一部描写一名列宁格勒(现为圣彼得堡）造船厂工程师的前苏联电影感动后，就想"改行"当一名造船工程师。高中三年级时，语文老师陈衡粹极力鼓励我考复旦大学的文学系，她的先生是复旦大学中文系的教授，她还把刘大杰教授的三大本《中国文学发展史》借给我看，于是就一知半解地去啃了这部文学史。折腾了一段时间，在当年"学好数理化，走遍天下都不怕"的思想影响下，要考大学的时候，家人坚决反对我报考文学系，班主任也觉得不是很合适。我表哥当时是四川农科院的院长，专程到上海来劝我，他的理由是所有的文学家都不是读文学出身的。美术老师要我考美术，当年读过一本描写一位俄罗斯少年画家的小说《初升的太阳》，书中还附有这位小画家的一些水彩画，很受感动，就想当画家。后来想想，既然喜欢美术，又喜欢文学，那还是读建筑，所以那时候就选了读建筑，美术老师也起了很大作用。于是才决定读建筑学专业，一方面可以兼顾文科的特长，另一方面又是学理科。

我们班数学成绩普遍地好，我们年级有6个班，我们班年龄偏小，但是成绩非常好。我们的班主任是数学老师，所以我们班有10个同学以后上大学就读了数学，复旦大学就有三个去读的。这在那个大学不扩招的年代是很了不起的。我们班上的同学普遍都蛮聪明的，蛮有成就的，有学天文的，学医的，搞各种各样专业的都有。

初中的时候我是班上的中队长，然后到高一的时候当过复兴中学少先队的大队长，后来又当了大队副辅导员，辅导员是老师，快毕业的时候学校还曾希望我留校做教师。

采访者：这个确实挺重要的，我们现在出版社招新的编辑进来的时候，假如两个人条件都均等，但是这个人是学校的班长或者是大队长的话，我们都要优先考虑，因为他的组织能力和他的活动能力相对来说肯定比没有经验的那个人要强很多，这对编辑来说特别重要。

郑时龄：对我以后的成长也很有关系，因为我在做事情的时候，什么事情都会安排妥当，因为做事情是自己有着独立想法的。既然当班干部，就意味着除了学习外，要为集体服务，很多事情要计划好，这对我一生安排时间，我觉得都会有很大的帮助。我们学习的氛围很好，我记得我们读高三的时候有一位物理老师很有水平，他当时是刚刚高中毕业去考大学，没考上。为什么没考上呢？那个物理卷子他考了20分钟就交卷了，没到半小时，老师说这个是废卷，于是落榜，就来教我们物理，第二年他就考取大学了。诸如此类，我们那边的很多人的经历，我觉得确实都是蛮有创意的。我们音乐老师也非常好，历史对我们也很有帮助。但后来要考大学的时候，家里面反对考文科，班主任也觉得不是很合适。我表哥当时是四川农科院的院长，专程到上海来劝我，他的理由是所有的文学家都不是读文学出身的，所以那时候就选了读建筑，老师也起了很大作用。

我喜欢读书，各种类型的书，文学的、艺术的、自然科学的、社会科学的、美学的书籍都读。读大学期间，我看过很多书。中学的图书馆还没有那么多书，大学图书馆因为是开架的，就可以看各种各样的书，所以看了很多。中学时代我们看得到的书比较多的是前苏联的，所以受前苏联文学的影响比较深刻，受俄罗斯音乐和绘画的影响也比较深刻。到了大学之后，就看了一些西方作家的书，比如巴尔扎克、大仲马和狄更斯的作品。"文革"的时候书都封存，不能借了，但我们当时在设计院的"红画笔"小组，据点就在原来的工会图书馆，各种图书名义上封存在那里，实际上没有人管，晚上都能悄悄带回家去看，第二天再带过来，也看了不少书。"文革"时期这些书被认为是毒草，不能看的，但是我们就是近水楼台，看了再说。记得当时看了罗曼·罗兰的《约翰·克利斯朵夫》、托尔斯泰的《战争与和平》、库柏的《最后的莫希干人》、雨果的《悲惨世界》等。其实"文革"时候我也学了一点东西，也不能说完全就没学，跟别人比起来，我们的机会可能还多一点。

动荡岁月

采访者：您在机械部第二设计院工作了13年，后来又考取研究生，这还都发生在"文革"的动荡岁月中，这里面有着怎样的故事？

郑时龄：我是1965年9月份去一机部二院的遵义筹备处报到的。先劳动一年，然后开始做设计，那个时候在贵州很多地方都待过，在遵义设计过娄山关休息室和一些住宅，贵州的惠水有一个险峰机床厂，我在那边做过设计，然后到四川、云南、辽宁、湖北、山东等地做过现场设计，那个时候就全国各地出差。虽说在遵义十三年，其实真正在遵义待的时间不是很多，1966年就回到上海的设计院搞运动，到1970年的时候，又要我们回遵义，到那边去搞运动，并在全国各地搞现场设计。那个时候我开玩笑说人家都是在抓革命，我是在促生产，一直在现场设计。我觉得这样挺好的，挺锻炼人的。因为那个时候搞建筑的人不多，我们做工厂设计，一个现场只安排一个建筑设计人员，所以我很早就自己要独当一面，管建筑设计的一切事情。很多东西就是在现场边学边设计，那个时候也都自己用鸭嘴笔和墨水画施工图，扑在那个大图板上。所以我在济南工作过两年，北京四年，杭州四年，跑了全国的很多地方。外语也没有荒废掉，因为我们那个时候有一些老工程师是国外留学回来的，我们那个时候做工厂设计，有时候有一些说明书需要帮着翻译一下，我当时翻译的水平不能算正规，但是至少没有放弃掉。所以在1978年可以考研究生的时候，我从报名到考试，大概中间只有一个月多一点，因为我是在放宽年龄的规定出来的时候，也就是3月底才可以报名的，而5月份就要考试了，所以没有多少时间准备，也不知道要考什么内容和范围，但是勇敢地去面对，也就考上了。今天看来是完全不可思议的。

考研究生还有一点故事，决定报考时，离报名截止的时间剩下不到一个星期，单位在贵州遵义，按照那时候的通信手段，无论如何来不及办手续，把报名表寄回遵义，走完审批手续再在截止日期前寄回杭州的高招办。我很幸运，远在贵州遵义的单位领导很支持，杭州的招生办公室和同济大学的研究生招生办公室都同意我在来不及办完手续的情况下报名，才让我得以参加考试。那个时候我人在杭州现场设计，在杭州仅仅只有我一个人考同济的建筑系研究生，第三天考建筑结构与构造的时候，招办的人说考卷还没有寄到，已经打电话催同济了，同济也答应赶快重新出一份卷子寄过来，让我先回去等通知，我就回到杭州锅炉厂里面继续做现场设计，过了一个星期招办打来电话，说卷子来了，但是是老的，不是新出的卷子，而这个卷子别人已经考过一个星期了。那时候通信不发达，高招办的人相信我没有看过卷子，就让我这么去考了。

第一年考试比较混乱，总有差错。因为考各个学校都有，各个学校都是自己寄卷子来，记得第一天下午考英文，有一个考清华的考生，他的英文卷子没有来，拿到的却是数学的卷子，数学应该是第二天上午考的，而且是统一考卷，但他已经考过数学了，所以当天晚上他就得住在考场里面，到第二早上开始考试开始半个小时以后才可以被放出来。考试考得每个人都昏昏沉沉，浙江大学的一些年轻教师考完试回去连宿舍的门都找不到了。考试后要体检，体检有一条规定是近视眼不可以超过六百度，我是一千一百度的近视，肯定不达标，但是医生说你们都到这个份上了，考到这样也不容易，都算你们合格，让你们通过吧。那个时候无所谓什么开后门，他们都有一种同情心，他觉得这样是合理的。

所以我那个时候差不多是稀里糊涂考上的，如果我没有考研究生的话，后面的人生就会完全不一样。研究生毕业后我就留校，如果我回到原来的一机部第二设计院的话，人生的道路也可能完全不一样，就不会搞研究，就会一直搞设计，可能接触的面比较窄，也可能没有出国进修的机会。我觉得一个人的成功在于有很多人在帮助支持，有很多人在指导你，学校把我留下来，也是不容易的，因为我的户口不在上海，我们当时比较特殊，留校名额又有限制，留下来确实很不容易。然后又把我送到留德预备部进修德语，计划送我出国进修。一个人的人生中有很多人在帮助。他们不是出于自己的私心，因为对他们没有什么好处，我觉得包括我们中学里面的老师、中学班主任都是这样，他觉得你这个人可以培养，觉得你认真努力，他就会发自内心地帮助你。

我现在也是这样的，我觉得哪个人是认真的，我就愿意帮助

他，希望他有很好的发展。发现有某一个事情看上去是合理的，实际上是不合理的因素妨碍了一个人的发展，我就会去帮助他。现在有很多人希望我去推荐某个学生，我看他如果是用功的、努力的我就推荐，但是对于有一些人我觉得他欺骗我的我就会拒绝推荐。比如每年考研究生，我经常接到有人打电话或者是写信、发邮件过来，声称报考我的研究生，但是差了几分，您能不能帮我破格或者什么的，我就去查，发现他不是报我的，他是报的其他老师，报其他的老师破格就困难，那么他就欺骗说是报我的，我知道这个情况后肯定不会帮他的。你干脆讲清楚情况，或许可以，但是你欺骗那就不行。

专业路途

采访者：您作为建筑历史和理论专业的资深学者和教授，请结合自己专业学习建筑，并为其奋斗一生的经历，给后人一些经验之谈。

郑时龄：经常会遇到一些报考建筑历史与理论专业攻读硕士或博士学位的学生，问他们为什么要读这个专业，报考硕士的学生往往会说自己的建筑设计不太好，所以选择建筑历史与理论专业。而报考博士研究生的则往往会说自己一直在从事设计，需要在理论上提高。久而久之，我就在反思，研究建筑历史与理论需要什么样的素质。当然有相当一些学者，从事建筑历史研究纯粹是一种偶然，我也不例外。

1959 年考进同济大学建筑工程系后，当时这个系有三个专业：建筑学专业、工业与民用建筑专业和工业经济专业，幸亏老师接受了我填写的志愿,将我分到建筑学专业,否则,我可能这辈子就会与建筑学无缘。

大学时代,对建筑历史课程十分感兴趣,我们在一年级就读了中国建筑史,三年级又读了一遍中国建筑史。一开始是把建筑史当故事读,渐渐就培养了学习建筑史的兴趣。当时是陈从周教授和路秉杰教授执教,打开了我们求知的欲望,也培养了我们自学的能力。由于我在中学时代语文课的基础还可以,而且也比较喜欢古典文学,甚至想过要在今后专攻中国建筑史。二年级时,陈从周先生带我们去松江一所大宅院测绘,我们都十分兴奋,也找了当时能找到的文献,经陈从周先生的肯定,确信那是董其昌的府邸。

大学三年级读外国建筑史的时候,罗小未教授渊博的学识和严谨的治学精神潜移默化地影响了我,我的课堂作业写了一篇文章,内容是现代建筑运动与艺术思潮的关系。出于兴趣,我当时喜欢读一些关于美学和艺术史的书,印象最深刻的是傅雷先生翻译丹纳的《艺术哲学》、平野先生等翻译的约翰·雷华德的《印象画派史》以及普列汉诺夫的《没有地址的信》。我在这篇文章中参考了美学和艺术史,谈了一些艺术思潮对建筑的影响。这是我写的第一篇关于建筑的十分幼稚的文章,现在回想起来,还令我不禁汗颜。当时罗先生仍然给我鼓励,认为这篇文章还可以进一步发展。硕士研究生毕业以后,1984年有一篇发表在《建筑师》第20期上的文章"工业建筑的发展及其美学问题"就是在当年这篇短文基础上重写的。

前面已经说过,大学毕业后我被分配在第一机械工业部第二设计院,不久以后正是那个史无前例的"文革"时期,但是利用好这样的政治运动,就能化劣势为优势。我在出差时趁机仔细考察过北京、武汉、沈阳、济南、成都、洛阳、昆明、苏州、杭州等城市的文化古迹，在十堰设计第二汽车厂时，爬上武当山，饱览了那里的道教建筑；在济南第二机床厂现场设计时，欣赏过大明湖的胜景，攀登了泰山；在沈阳的时候，参观东陵和沈阳故宫，还登临了千山；在北京参加北京阀门厂设计时，差不多在北京住了三年，更是一个温习中国建筑史的大好机遇。那个年代除了《毛泽东选集》和马克思、恩格斯、列宁的书，没有多少书可以看，一些历史知识就是从这些书中汲取的。那时北京琉璃厂的中国书店和西四的新华书店有一个内部门市部，凭单位介绍信可以买到一些内部参考书，我就买了《法国史》、《奥地利史》、《阿拉伯史》等关于各国历史的书籍，几乎没有什么选择，只能有什么书看什么书。再加上复习大学时期积累的一些关于历史和美学的书籍，使得我一直与历史保持着若即若离的关系。

1978年恢复研究生考试后，我又回到了同济大学。由于我在设计院一直从事工业建筑的设计，为了被录取更有把握，我就报考了工业建筑设计专业的研究生，师从黄家骅教授和庄秉权教授。除专业之外，我一直没有间断对建筑史的兴趣，尤其是美学，甚至想专攻建筑美学。

研究生毕业留校后，我在1984年被选派到意大利佛罗伦萨大学建筑学院进修。记得第一天到意大利，大使馆的工作人员和老留学生来接我们，带我们去参观圣彼得大教堂。一进到教堂内，那华丽而又精致的室内使我的感觉就像刘姥姥进大观园，惊讶不已。书本中学过的圣彼得大教堂似乎与真实的圣彼得大教堂相距是那么的遥远，使我认识到书本与现实的差异。在意大利访问了许多城市，在

1992年12月访问希腊雅典理工大学

佛罗伦萨住了两年,与那些早已在外国建筑史课上十分熟悉的建筑朝夕相伴,托斯卡纳地区的城市我几乎跑遍,比萨、卢加、沃尔泰拉、锡耶纳等。罗马先后去过十趟,威尼斯去过三次,在那不勒斯讲学时,参观过被维苏威火山爆发埋葬的庞贝和埃尔科拉诺,参观过卡塞塔的皇宫,瞻仰了佩斯图姆的希腊神庙和古希腊城市维里亚的遗址。访问过拉菲尔的故乡乌尔比诺、佩特拉克和瓦萨里的故乡阿雷佐。我可能是有一些城市的第一位中国访客。

刚到意大利的时候,往往用书本上学到的一些条条框框去观察建筑,总喜欢用什么"风格"和"主义"套在每个建筑上,将每一座建筑贴上"文艺复兴建筑"、"巴洛克建筑"、"古典主义"等标签。在锡耶纳的两个月进修和生活,对我的建筑史观具有重要的影响。锡耶纳位于意大利中部的托斯卡纳地区,是意大利哥特文化与艺术的中心。大约2000多年前,意大利人的祖先之一,伊特鲁里亚人就在这里定居,古罗马时期这座城市称为瑟纳朱利亚,中世纪初曾一度消失,以后又在隆巴第国王的统治下兴起。13世纪是这座古城的鼎盛时期,城市的居民曾一度达到5万人,列入当时欧洲最大的城市之中。1348年那场横扫欧洲的黑死病使锡耶纳逐渐衰落，同时也推动了锡耶纳人对宗教的虔诚之心，也让整座城市那古老的街巷几乎原封不动地保存下来。长期以来，锡耶纳始终把大教堂和城墙看作城市的灵魂，保持着中世纪的布局和城市结构，使锡耶纳成为一座中世纪的城市博物馆。锡耶纳画派为文艺复兴绘画奠定了基础，那里的博物馆和画廊是研究意大利中世纪艺术的宝库。锡耶纳的文化价值并不仅仅是艺术珍品和建筑文物的简单组合，而是由整座城市的结构、传统和生活方式所体现的。

  锡耶纳有数不清的丰富多彩的广场，随着山峦蜿蜒起伏的迷宫般的大街小巷，那铺满了石板的街巷仿佛在诉说城市的昔日光华，屋顶和墙面上的陶瓦，以及砖石墙上一片丰富的红褐色被称为锡耶纳色。绵延不断的城墙和郊外那一望无垠称之为"克莱代"的黄绿色的田野和丘陵地带，历经千百年而不变。平面形状像扇子，又像贝壳的锡耶纳大广场是世界上最美丽的广场之一，这里也是城市生活的中心。大广场位于三座小山丘的汇合点上，有11条道路从城市的各个方向汇聚到这个彻夜不眠的大广场。位于大广场正中的是建于1297至1310年的市政厅，大楼的正面左角耸立着一座高102米的钟塔。离大广场仅数百米有锡耶纳大教堂，大教堂和市政厅成为城市空间的标志。这座教堂始建于1196年，历经七百年才最终建成，被誉为意大利哥特文化最美丽的丰碑。大教堂于1215年初步落成，正是这座城市的全盛时期，锡耶纳的市民想把大教堂扩建成世界上最大的教堂，原有的教堂中廊只是想象中的大教堂的耳堂。后来由于黑死病导致城市的衰败，使这场宏伟的教堂梦只留下了一些断垣残壁。

锡耶纳的体验是绘画和雕塑艺术、文学艺术和意大利文化的结合，完全打破了我对中世纪和文艺复兴城市、哥特式建筑和艺术的理解，开始感到以往一知半解地以为中世纪是欧洲文化的黑暗时期的观念是教条主义的思想，对历史和文化的延续性有了理性的感悟。意大利艺术史课也有许多考察活动，参观了圣吉米涅阿诺、圣安蒂摩、蒙塔尔契诺等中世纪城市。这些城市是活的城市史，使我理解了历史不仅是史学家编排的历史文献，我们所认识的历史是经过观念筛选的历史，受到意识形态和时代的制约。

在意大利时，参观了许多博物馆和画廊，同时也养成了一个习惯，每到一地，就会去那里的博物馆参观。在1985年12月欧洲经济的黑色星期五之前，每逢周末，佛罗伦萨的乌菲齐画廊免费开放，我的大部分星期六是在那里度过的。此外，也多次访问罗马的梵蒂冈博物馆、波尔盖塞博物馆，米兰的布莱拉博物馆，那不勒斯、威尼斯、热那亚、乌尔比诺等城市的博物馆等。后来，也参观过纽约大都会博物馆、华盛顿国立美术馆、芝加哥美术馆，巴黎的卢浮宫博物馆和奥塞美术馆，马德里的普拉多博物馆，伦敦的大英博物馆和国家美术馆，巴塞尔的博物馆，柏林、斯图加特、慕尼黑、汉堡的美术馆等。这些经历对建筑史的研究虽然没有直接的联系，但是有些是相通的，尤其是文化历史背景的知识。

其实，我对意大利和文艺复兴建筑、巴洛克建筑的认识有更深刻的理解还是从意大利回来以后，阅读了朱里奥·卡罗·阿尔甘著的三卷本《意大利艺术史》和其他的书籍，将意大利时期的感性认识与理论学习加以综合，使知识的空白逐渐得到填补。1987年，我承担了建筑系三年级学生的美术史课，一方面收集图片，另一方面又在

典型的意大利建筑

意大利比萨斜塔

备课过程中增长了艺术史的知识，至今我还为建筑系历史建筑保护专业的学生讲美术史课程中的文艺复兴艺术和巴洛克艺术。1988年，开始翻译汪坦先生主编的西方建筑理论译丛中的意大利建筑史学家曼弗雷多·塔夫里的主要著作《建筑学的理论和历史》，与塔夫里本人联系，得到他的版权许可，和他本人寄来的意大利文本，对照英文本开始了历时三年的艰苦翻译工作。1989年初我在美国伊利诺伊大学的厄尔巴拿－尚佩恩校区的艺术与应用艺术学院任乔治·密勒客座教授，那时，一面教书，一面还抽空翻译意大利著名建筑理论家曼弗雷多·塔夫里的《建筑学的理论和历史》。这是一本十分深奥的理论著作，连意大利学者都认为很难读懂，我对照意大利文的原文，参照英译本进行翻译，用了三年的艰辛历程才译完，中途几次想放弃，但是还是坚持下来。在伊利诺伊大学的一些教授和外国学生也都十分乐意帮助我，2009年到2010年又重新翻译这本书，改正了译文中不够确切和模糊的地方，补充了一些考证和译注。至今还有不少意大利朋友赞赏我的勇气，这本书实在很艰涩，很多意思要反复读好几遍才能一知半解。以后又读了塔夫里的《领域与迷津》、《文艺复兴研究》、《现代建筑》等著作。对塔夫里的阅读，以及当时陆续出版的译丛中的其他论著为我的建筑理论学习打下了初步基础。

从1992年起，建筑系要我为五年级学生开《建筑评论》课，每次上课的备课笔记慢慢积累，也受塔夫里意识形态批评的启示，开始萌发了编一本教材的思想，1998年接受了中国建筑工业出版社的委托，开始写书，直到2001年初才交稿。在撰写过程中，逐渐感到建筑批评是一门交叉学科，于是扩展成《建筑批评学》，融建筑理论与史学批评为一体，成为我建筑史研究入门的开始。

1996年，上海市图书馆的一位副馆长是我在党校学习时的同学，上海图书馆有一大批关于上海近代史的资料，没有人整理，希望我能够承担撰写一本有关上海近代建筑的书，充分发挥这批资料和图片的作用。当时，日本学者村松伸、藤森照信等对上海近代建筑有一些比较表层的研究，还出版了不少研究论著，中国近代建筑史学研究由罗小未教授开辟了一条道路，撰写了大量的文章和一些论著，我感到，我们必须超越日本学者的研究。于是开始了历时三年的整理工作，识读图片，收集近代建筑的英文译名和建筑师、建筑的有关资料，拍摄照片等，参照上海各区的地名志和各种专业志书，列出800多座建筑和建筑群，并将这些建筑和建筑群编入城市地图之中。1999年以《上海近代建筑风格》的名称由上海教育出版社出版。这本书的准备过程使我进入了上海近代建筑的研究。此后，上海市房屋土地资源管理局编辑出版《回眸——上海优秀近代保护建筑》一书时，为其中的398处优秀近代建筑进行考证并撰写引言。在2004年开始的第四批优秀历史建筑名单的制定过程中，我也参与了一些考证工作。

上海的近代建筑覆盖了整个世界建筑史所涉及的风格，对西方建筑史的认识，对于上海近代建筑的研究十分重要。同时，研究工作的基础知识要求既广博又精深，知识永远不嫌多。

第 2 章

设计篇

上海印象

采访者：您从小就在上海长大，过去在国内外很多地方工作过，后来定居上海，请您谈谈对上海的城市变迁的评价。

郑时龄：我于1941年生在四川成都，在抗战胜利之后到的上海，1945年，那个时候已经4岁了。然后在上海读的小学、中学最后上的大学，大学毕业以后，1965年就分配到贵州了，那个时候我们单位内迁，就迁到贵州遵义，在这个过程当中因为原来那个单位还没有迁过去，所以经常也会回到上海来。"文化大革命"中有一段时间让我们回来在上海参加"文化大革命"运动。1978年考研究生回到上海，毕业之后留校，有更多机会参与上海的规划、建设，对上海比较熟悉。我觉得上海这些年的变化非常大，一个是人口的变化，原来小时候我到上海的时候是400万人口，现在已经是2300万人口，是以前的六倍。1949年的时候上海建成区只有82平方公里，现在城市的建成区理论上是600多平方公里，实际上已经是2000多平方公里，可能实际数字还要再大。在这种情况下整个城市的面积变化非常大，人口的变化也非常大。但是有一点还是保持原来的特色，就是上海市的移民人口。到2013年上海的流动人口是900多万，差不多要占到1/3，以前上海也是这样的，基本上都是移民。你很难找到一个三代人都是上海人的，很少有这样的情况。像我虽然在上海，但是我祖籍广东，出生在成都，那个时候也算是新上海人，现在新上海人更多了，所以上海应一直保持这样的特色，在这种情况下上海的宽容度比较大，包容性比较好。它能够接受各种文化，所以中国的近代文化能够在上海发展，其实跟这个有一定关系

建设中的上海浦东新区

的，因为它都是外来人口，它也需要有一种宽容度、包容度。而且上海是把很多外来东西经过熔炼之后变成一种有特色的上海文化。

比如说以前上海有一百多种地方戏，例如越剧，它在浙江名不见经传，但是到了上海之后它就会慢慢成长，变成一个非常重要的剧种，包括京剧，还有海派京剧，甚至可以跟北京的京派京剧相媲美，当然北京的更正宗一点，但在这里演绎成了另一种风格。上海的文化有这个宽容度，而且通过这个把它发展到一种极致，所以上海是近代文化的发源地，近代工业的发源地。中国共产党于1921年成立，也是在上海。中国的近代建筑也是在上海最早成长的，最早的建筑学会也是在上海成立的，所以它有很多新的东西。因为上海是一个移民城市，这就产生了一种竞争，非常像意大利的文艺复兴时代，百家争鸣、各显神通的那样一种状态。现在有很多建筑师在上海创业，包括一些外国建筑师，但是现在的创业跟那个时候的外国建筑师创业不一样，那个时候这些外国建筑师的作品几乎都是在上海，他们就生活在上海，只专注于上海的建筑。当时较为典型的建筑师是设计国际饭店的建筑师匈牙利人邬达克，2008年我们有一系列的活动纪念他逝世50周年，他的作品也一直长盛不衰。他有很多作品，其中六十多件都是在上海，他的职业生涯在上海成长。有一些建筑师甚至在抗战时候，日本人占领上海期间也一直在上海工作，甚至在日本的集中营里过世。那时候很多中国的建筑师也是在上海成长的，他们推行中国自己固有的传统建筑风格，包括像杨廷宝先生在上海都有很好的作品，然后从上海把新建筑及城市规划的理念传遍全国。

上海滩创造了自己的一种特征。比方说典型的里弄住宅，这是

上海外滩鸟瞰

上海的特色，天津、宁波也有一些，其他别的城市很少有，主要是在上海。全盛时期曾经有九千多条里弄，它结合上海的生活方式，不断创造一种新的生活方式，大概有70%的人在新中国成立以前都居住在里弄里面，这个里弄就是我们今天讲的多功能的融合，上海当时有那种叫夫妻店，24小时都营业，居民都可以买到所需的日用品，在里弄里面有办公室，有律师事务所，有银行，以前还有老虎灶，居民不在自家烧开水，都在里面买开水。甚至还有庙宇和学校也设在弄堂里面，它其实是多功能的综合体，创造了一种生活方式，所以上海在这一方面的创造性是比较强的，上海的近代建筑内涵也非常丰富，所以上海在1986年被国务院命名为历史文化名城，很重要的一个原因是因为近代建筑，尽管上海有着更古老的建筑。我觉得上海有文化的宽容，如果你去豫园，仔细找找就能发现附近有个叫小世界的地方，可能一般人都不注意，那个小世界是一个西洋式的塔楼，但是再相隔没有多远，就是16世纪的古典园林建筑，非常传统的中式建筑与近代的小洋楼相融合，但大家都没有觉得突兀。所以上海这个城市以及其中生活的人的接受度也是很高的，能够接受各种新奇的东西，接受看上去似乎不协调的东西，过了一段时间可能就协调了。这样的精神使其成了融汇中西的大城市。

采访者：它比较开放、包容？

郑时龄：对。这个是上海最大的特点，这样也能够鼓励人们创业，鼓励人们在这种竞争社会能够发挥自己最大的作用。当然上海最大的变化可能还是1949年以后，因为以前基本上是消费城市，新中国成立之后上海变成国家的重工业基地，建造了很多大的工厂，

上海外滩老建筑

上海外滩老建筑

汽轮机厂、锅炉厂、重型机器厂、造船厂，就是从前的江南造船厂演化而来，但是那个重型机械的工业是新中国成立以后加进去的，我读大学一年级的时候还到闵行重工业的生产基地劳动过。

采访者：记得我小时候看过一个纪录片，提到上海的万吨水压机。

郑时龄：对。就是江南造船厂，就是在上海。上海原来就有工业的基础，最早的江南制造局在19世纪60年代成立的，然后变成江南造船厂，还有各种各样的机械，原来就是中国主要的工业基地，新中国成立后快速地变成大规模重工业的基地，改变了上海原来的产业结构。但当时上海一直没有很好地发展，上海很多经济收入都要上交，一直到改革开放之后才有所改观。在20世纪80年代的时候北京人到上海，往往会觉得上海很破落。一直到80年代后期中央与地方关系的政策调整之后，允许上海自己留一部分利润，然后上海才慢慢地发展起来。在此之前，上海人的居住状况非常差，曾经有一个沪剧——《七十二家房客》就描述了居住条件非常差的状况。甚至是前几年上海的居住条件仍然还是比较差的，现在还有很差的情况。我记得1991年的时候香港无线电视台拍上海的变化，那个时候上海刚刚把南浦大桥造好，当时我做建筑设计，他们来采访，然后要我带着他们看一些上海的特色。我们到了四明邨，其中有一幢大概两百平方米不到的房子里住了六户人家，厨房里面有六个煤气灶，六盏灯。2003年的时候，德国的一家电视台来采访，要去看里弄住宅，我又带他们去了同一幢房子，厨房内已经变成七个煤气灶七盏灯，所以这种状况一直是没有完全解决。上海因为过去提倡生产第一，生活第二，改革开放前一直不重视住宅建设。

上海里弄

上海里弄

在 20 世纪 80 年代的时候人均居住面积仅有四点几平方米，到 90 年代慢慢开始改观，现在才到 17.3 平方米。现在当然有很大的改善，但是还是差别很大，有一些人居住条件好了，但是有相当一部分居住条件仍然很差。包括老的建筑，老的里弄住宅在内，现在大概还有 30% 的人居住在这里，因为这些建筑具有一定历史价值，所以上海的决策者也很矛盾。一方面宝贵的历史建筑需要保护，另一方面要对这些陈旧的建筑进行改造。解决途径是把里弄住宅分成一级新里弄，一级旧里弄，还有二级的旧里弄，二级旧里弄是没有卫生设备的，没有上水也没有下水的那种，条件是比较差的，对其以改造为主。

上海的城市整体轮廓也在这种造城运动中不断长高。新中国刚成立的时候超过 8 层楼的建筑，全上海不到 50 幢，到 1980 年达到 121 幢，当时没有一幢超过 100 米，现在有两万多幢超过 24 米的建筑。大概有一千幢左右超过 100 米，所以这些年的变化从这个数字上可以看得出，这 30 年的变化很大。与上海的建筑发展相伴随的，是城市区域不断地扩张。原来城市的人均用地只有 80 多平方米，现在已经变成 120 多平方米。出现了一种比较粗放的，向郊区蔓延的普遍现象。所以上海在 2000 年的时候开始关注郊区的发展，不能盲目地摊大饼式无序扩张。当时上海提出一城九镇的计划，另外也表现出了对城市发展可持续性的关注。过去我们只重视市中心区的发展，郊区的建设缺乏系统的规划，因而也就没有特色。我曾经到上海最西面，跟江苏交界的地方，看到当地农民的房子是小青瓦顶的，然后不知道从哪里买来欧式的柱子与之搭配，但我们也无法苛求，因为农民不知道要盖成什么样的房子。但是从这个时候上海市

上海老建筑的拆迁现场

上海老建筑的拆迁现场

就注重郊区的发展,所以这一点是比较突出的变化。我们在 2003 年的时候还专门调查过郊区发展新城的情况,对上海周边应该怎么发展也提出了自己的想法。

我觉得上海这些年从单纯关注市中心的发展,变成市中心的发展与郊区的发展并重,是一个全国各地应该借鉴的政策趋向。过去单边的发展,在发展到黄浦江的江边后,遇到了发展的障碍。其实黄浦江在市区只有 400 米到 600 米宽,并不是很宽的一条江,但是它就变成一个障碍,影响了上海的发展。1988 年建造的南浦大桥是市区第一座跨江的大桥,从大约 1990 年时候浦东开发,使得上海的发展比较平衡一点。上海曾经计划过往各个方向发展,城市最早是沿黄浦江和苏州河边发展的,发展不平衡,过去我们叫三方四界,公共租界、法租界和华界三方,华界又有老城厢的华界和闸北的华界,整个城市相对来说是分割的。过去东西向交通比较发达,因为租界是从东往西发展,南北交通则一直不发达。到 20 世纪 30 年代的时候曾经想过发展南北的交通,想避免租界的影响,那个时候搞了一个大上海计划。到 50 年代的时候又想往闵行这个方向发展,上海的西南面是重工业,60 年代在上海的西北面,就是嘉定那个地方想搞个科技城,现在依然还有很多研究所在那里。然后到 70 年代的后期搞宝钢,就在上海的北面去发展。到了 90 年代的时候,宏观条件也成熟了,因而黄浦江的发展也提到了日程上,然后往东发展,现在又往东南面,到临港新城,就是靠杭州湾,往东海那个方向去发展。现在又提到了可持续的生态城市发展。所以说上海不论是发展定位,还是在地理空间上,一直往不同的方向尝试与发展。

20 世纪 90 年代浦东的发展应该是比较成功的,也带动了整个上

上海旧式商业区

上海旧式建筑新貌

海的发展。浦东的成功不仅仅是浦东的发展,而且将整个浦西也带动了起来。我当时提出一个观念——再城市化,因为上海城市化的程度差不多89%,农民很少,农村人口大概就是几十万,在这种情况下上海要做的其实是提高城市化的品质,而不是把所有农民变成城市居民,我提出了这么一个观念。我说浦东的开发和开放就是再城市化的一个标志,它的再城市化,一方面是提高城市化的品质,另外一方面就是城市产业结构与城市空间结构的重组。黄浦江沿岸的变化也是产业结构的重组,带动了黄浦江空间的发展。所以上海在这方面带了个头,因为上海已经早就有了城市发展的基础。我们对此提了一个思想:在城市上建设城市。

有了黄浦江的发展,有了浦东的深度开发之后,造就了黄浦江成为城市空间核心的地位和作用,也带动了世博会,成为世博会以及整个黄浦江产业结构与空间结构调整的推动力。所以世博会以后,上海相当长一段时间的重点可能也是沿黄浦江的发展。现在比如说徐汇滨江区城的发展,原来浦东的滨江地带包括世博会地区,包括我们现在叫前滩的地方,都是再往南面,就是黄浦江上游的方向发展,徐汇滨江区域近期要搞一个媒体港,发展文化产业。另外还有杨浦区,就是黄浦江的下游,这个地方过去是工业基地,也要在这个框架下进行转型。所以我觉得在相当长一段时间,上海可能是走对黄浦江的发展这条路。当然郊区的城镇发展也还是作为另一个并重的重点。

我们在2003年搞了一个郊区发展的调查,那个时候我还是政协委员,上海市政协立的一个课题就是研究郊区的发展。那个时候有一个起草调查报告的政协的工作人员,谈到我们上海郊区的开发区

上海林立的高楼穿插建设的立交桥

有几十平方公里,他说太小,像邻省,如浙江、江苏的开发区都是几百平方公里。而我认为几十平方公里,甚至十几平方公里就已经不小了,新中国成立以前上海才82平方公里的建成区,现在动辄要上百平方公里,其实是有问题的。应该做得更紧凑一点,规划得太大很容易出问题。

采访者:您刚才所讲的包容性,让我想到了我们出版社做的一些工作。我们正在策划一系列的书,已经做好的有两本,一本《上海百年外滩》,还有一本《青岛的德式建筑》,还计划近期做一部关于哈尔滨的俄式建筑,以及厦门的外国建筑的书。当时有人反对说,这都是外国殖民地,或者是外国列强侵略中国后留下的痕迹,说就不应该出版。后来我们的编辑问到业内专家罗哲文先生,罗老认为建筑这个东西并不存在阶级性,而是人类科技水平的体现,或者说是人们对生活方式的一些理解与表达,或者说是不同生活方式的一种体现。他认为跟外国列强对中国的侵略不应该关联起来。所以我们出版社就出版了这几部书。后来我们在拍广东开平碉楼的时候,我发现一个特别有意思的现象,罗老也认可这一说法:开平碉楼的特殊意义在于,它是中国第一次主动地接受外来建筑文化的一个代表。何为主动?罗老解释道,当时开平很穷,当地的人们到南洋打工,挣了钱以后回到祖国,在自己的故土上盖房子,这些房子的图纸是从外国带回来的。水泥、瓦块是本地的。造房子的人又根据当时土匪多、不安全的情况,搞成碉楼的形式,它的防御性非常强。但碉楼的顶部又搞成了廊柱或者出檐的欧式风格,开平碉楼成功地把欧洲建筑风格给兼容了。本来是外国建筑师设计,但是又加了一

跨越黄浦江的东海大桥

些中国特点的形式，我们觉得真是挺有意思的一个现象。像这两种方式融合在一起，和上海的城市发展进程一样，也体现出中国文化的包容性。上海的包容性，一方面体现在各地的人到上海来，都能融汇到上海里去。另一方面在文化方面，我觉得国内国外的文化都能在上海融合到一起，我觉得这对我们是一个挺好的启发：建筑文化这块是否应有一个专门的学科或者说是研究领域？

郑时龄：对，这个我是非常认可的。在前几年上海市一直有政协委员、人大代表提议要把外滩申遗。结果就有一个反对的声音说这是殖民地留下来的，不能作为中国的世界文化遗产。我觉得这个思想是不对的。人类文化遗产，像埃及的金字塔，那还是奴隶社会的，你说是不是要摧毁呢？我觉得这个想法就有点片面。当然它是被资产阶级用了，它是为资产阶级盖的，但它是大家的遗产，这个东西谁也带不走，只能留给这个世界。我一直提倡，也经常这样讲：上海要建设千年上海。意思是上海已经有几千年的历史了，我们要充分地认识和发掘这个历史的深度。我们如果从最早的上海的遗址计算，大概有五千多年的历史。我们常常讲上海只有七百多年历史，是从1291年算起的，那是元代设立上海县的时候，我们是从官本位的角度来谈这个问题的。实际上在唐代，就是唐玄宗的天宝年间，上海已经有松江那个华亭府，已经有很多人在这儿居住了，因此上海的历史应该追溯得更早一点。其实上海就是这么一个很长历史时期发展起来的，更应该要注意今后一千年的发展。我们现在做事情有时候太急，比如一年只应该做十件事情，却非要做一百件。应该做十年的事情，可能一年就做掉了。所以我就说我们要想得长远一点，做的事情都要为以后计，做的事情更扎实些。我提了建设千年上海的思想，我觉得我们要注意城市的品质。这也是与上海的情况密切结合的一种做法，包括上海的创造性。比如上海的里弄住宅，是把四合院与欧洲的联排式住宅结合在一起的结果，所以它变成上海的一个特色。上海过去这一类的住宅有大概两千多万平方米，现在大概还剩下不到一千万平方米了，这一类里弄住宅，有着强烈的创造性。它也跟生活的方式变化有一定的关系，最早的时候，它是很大的一个宅子，可能有三个开间，当然我们上海现在再也找不到早期的这种大开间住宅，大户人家住这个，后来随着人口的增多而变小，到后来变成很多个开间了，所以说它跟人们生活方式的变化有关。

思考浦东

采访者：浦东新区是中国城市开发区中的翘楚和样板。您对浦东开发区整体的规划有什么评价？

郑时龄：我参与过一些关于浦东规划的讨论，当时的思想有一定的局限性，在1993年做浦东中央商务区的规划设计时，除了上海规划院的方案，还有四家外国建筑师的方案。包括英国建筑师罗杰斯的方案，罗杰斯设计理念是圆形城市，这个地方的地形正好是黄浦江转弯的地方，所以是非常好的方案。它跟地形结合，然后分成组团，依靠交通再放射出去。还有法国建筑师佩罗的方案，他曾设计过巴黎密特朗图书馆。这个方案变化比较多一点，还有日本建筑师伊东丰雄的方案，它是很规则的，当然与地形也有点不是很吻合，是方方正正的规划。还有意大利建筑师福克萨斯的方案，它的方案就是整个一个组团，中间有一块绿地，道路从空中跨过去。上海规划院的方案相对来说缺少这种逻辑思路，完全按照配合功能，地块划分等传统的规划，当时提交的模型在质量上也与其他模型有较大的差距。

当时我比较赞成罗杰斯的方案，许多人认为它是形式主义，另外我们国内那个时候还没有完全想要外国人的方案。那个时候尤其是规划有一个法定程序，所以就由规划院去做，形成今天的这么个样子，这是由各种因素形成的。这个规划在交通方面是有问题的，本来是希望做一个立体的交通体系，规划师也去外国考察过，但是我们没有做这样立体交通的大环境。另外一个问题是：当初规划的超高层建筑，地理位置有点问题，它太靠近江边了，交通反而不顺畅。延安路隧道一出来马上就到那里。其实应该稍微远一点。包括有一些像到达国际会议中心的交通都要折返过来。当初规划了三座超高层建筑，都是三百多米，在实施过程中当中都拔高了，金茂大厦变成421米，环球金融中心原设计462米，2003年再开工变成492米，拔高了之后跟金茂大厦的关系不好，本来它那个洞正好是金茂大厦的尖顶在里面的。现在造的上海中心我们觉得应该是三个建筑中高度最矮的，它的地块也是最小的一个，但是偏要造最高，本来三座建筑在规划上一共是六十几万平方米，现在单单上海中心就是六十几万平方米，所以会对这个地方的交通带来一些影响。

当初做规划的时候曾经考虑过需要有一个二层平台的连接，所以那个时候都留了一个接口，现在开始慢慢实施，做了连接的天桥。浦东当初做规划的时候只考虑了单一的功能，是以办公为主

浦东高层建筑群和绿地

的，后来慢慢才发现应该增加一些辅助的功能。我们在1998年谈城市发展的时候，我举了柏林的波茨坦广场的例子，我说要多功能，就应该增加一些娱乐的、商业的以及居住的功能。后来慢慢调整过一些，增加了一些多功能的因素。但是这里面也带来一些问题，就是说它的想法可能是好的，但是在实施的过程中有一些问题，比如说最初规划的沿江建筑比较矮，后面再一点点拔高，那就带来一个问题就是太单一，都是这种小矮人模式，沿江的小矮人模式，四个小矮人、七个小矮人。最早的规划高度都有控制，后来在建造的过程当中都拔高了。我们也参加过很多的讨论，规划局说这栋建筑要拔高了，原来100米，现在要变成150米，问我们专家同意不同意，我那个时候就觉得不能这样一栋栋建筑地考虑，应该整体地考虑是不是要增加。整体是可以增加，但是哪个增加，哪个不增加，还是应该要有个度，要有个平衡，不能来一个讨论一个。有时候也批评，我说上海的建筑是一点点磨出来的，上海人过去说吃泥萝卜，吃一段洗一段，我觉得上海就是这么个方式造城的。

采访者：不止一个城市是这样的。

郑时龄：对。几乎所有的城市都是这样子。我们批评浦东的建筑，我们觉得太像个建筑动物园，每个建筑都要有自己的个性，但是总的来说是否协调？虽然看惯了也是可以的，就像上海老的建筑和新的混在一起，大家看惯了也可以了。但是总体上还要有一些控制，比如说我批评意见最多的就是平安金融大厦，就是在东方明珠电视塔附近有一个170米高的拱顶，立面上有一千根罗马柱的那个建筑。那个建筑在2003年评审的时候我是组长，当初的这家单位请我去评审的,因为主持这件事情的人认识我,请我帮他做顾问,后来叫我当评审组长。他拟任务书的时候我就指出他的问题,他一定要搞古典式,我说这是不可以的,你应该改变,因为他是工作人员,他说上面坚持要这样。当初他也请过 SOM 等著名建筑事务所,他们就提出任务书不改就不做,于是业主单位就拒绝了他们,到最后就是三家的方案,有一个英国建筑师特瑞·法莱尔的方案做的是后现代风格,虽然有一点古典的感觉,但是新颖度比较吸引人,应该还可以的。华东建筑设计院做的方案比较夸张,因为他们做古典式,因而不合章法的很多,各种各样的古典元素都堆到高层建筑上去。日建设计的方案呢,做得其头处是比较好的,他们抓住任务书所提出的"中世纪以来的古典主义",毕竟任务书是这么要求的,中世纪没有什么新古典主义,于是就做了一个平面方方正正的建筑,然后立面上加了许多哥特式的小尖塔,表示是中世纪的。我们当初评审的时候就表示,只要把这些尖塔拿掉,这个建筑就是可以的,功能也是非常好的,就选了这个方案。后来又找到我们时,就成了今天这样子了,后来拿出来审查时我们就反对,我特别反对这个方案。我在2004年初上海的领导干部的报告会上,在市长、副市长都在的场合下,我就说这个建筑,如果让它造好了,上海的建筑就倒退两百年。没想到弄到后来,到2009年又拿出来修改,原来是做一个铜的穹顶,改成一个玻璃穹顶,立面又增加了很多柱子。我那个时候写信给市长,我说这个建筑不能这样搞,破坏整个浦东的形象,他可能因为这家业主太强势,另外上海又希望成为金融中心才作出让步。查下来,当初没有一个专家是同意这个方案的,但是这个楼就硬是造起来了。还有个规划上的破例,当初为了这家企业能

进驻上海,还把两个地块并成一个地块,就是希望它能过来。有时候我们讲了也没有用,这就是上海的故事。

世纪公园那一块的规划还可以,因为需要一个比较大的绿化面积,也是有点像纽约的中央公园那样做一块园林。

采访者: 当时我听说留那块地也是很艰难的,好多人想把那块地给要了。

郑时龄: 对。这个公园所占的地段非常好。从那儿环顾四周,或是从四周环顾公园,都是很好的。20世纪80年代曾经有过讨论,到底是高层低密度,还是多层高密度,那个时候占上风是高层低密度,觉得高层建筑周围可以有多少绿化,但是这样的规划设计,在各个城市,到后来其实普遍是高层高密度了。这样反而在整体上对城市是一个破坏。

采访者: 在这些建筑建造的过程中,有什么鲜为人知的故事,您给读者讲讲?

郑时龄: 我曾经参加过环球金融中心好几轮的审查。最早是1993年,我那个时候担任专家组组长审查它的消防,到我们审查的时候,这个项目已经过28次各种审查。这个大楼的楼梯按照常规设计消防。因为做过实验,这个地方因为气流正压,就不可能烧起来。很多人都不赞成,因为没这么搞过。但我认为要尊重科学,而不是死板教条,所以就没有按照规范的要求做防火。我们的高层建筑规范出炉的时候,当时的建筑都在200米以下,死板地用这个规范套400多米甚至更高的建筑肯定是不合适的,包括电梯的速度等

上海的环球金融中心

等这些规定，都是不靠谱的。

　　这个大楼因为经济危机，1998年就停工了，到2003年又开工。这个楼的顶部有个圆洞，这个楼恰好是日本人投资的，美国建筑师画的效果图，正好画的是黄昏时候的场景，这个楼顶部的结构就形成了血红的太阳。导致很多人提意见，说这个是日本的阴谋，不可以这样做。于是相关部门来找我们，希望我们表态。我认为虽然不能够用非建筑的语言来衡量它，但是建筑并不仅仅代表了建筑本身，而是要综合各种客观环境。于是就希望它能够调整。后来的设计在中间架了两个桥也就通过了。有相关部门要求把顶削平，让直升机可以停在那里，以救火灾。我们说这个不合适，因为真的失火的时候，飞机是靠不上去的，因为有强大且紊乱的气流。2003年的时候再开工又有人提问题，说加了一个横向的桥更像"日"字，那么怎么办呢？相关部门再组织一次消防审查，就要把这个圆给弄掉。那个时候有11位全国各地来的专家，包括四川的消防研究所，公安部也来人，我主持审查。我们后来怎么去否定它呢？大楼的圆圈里有个大转轮，这个大转轮里面还有轿厢，实际上看不到外面的环境，隔着玻璃，隔着构架实际上没有什么意义。另外，这个圆圈的消防确实有问题，失火的时候，上面的人要下来要走10层楼梯，没有直接电梯，消防人员也上不去下不来的，而且这个楼梯有人上，有人下肯定是有问题的。另外，消防人员把最后一个人救出来要48分钟，就是失火开始他们去救，到把最后一个人救下来要48分钟，我们说没有谁会这样等48分钟，尤其对心脏病患者、老人、小孩来说这个都是有严重问题的。所以从消防层面否定这个转轮。然后日本人也知道我们对他们这个设计有意见，美国建筑师又很商

环球金融中心夜景

业化，他说现改成倒梯形的比原来的还好，后来大家就接受了，就这样造起来了。其实圆是比较更完形一点，如果采用别的措施还是可以的，不一定要那么政治化的看待这个东西，圆也不一定就代表日本。建筑不能拘泥于符号化的理解。

比如我们在 2011 年年底讨论北京新机场的航站楼，有一个方案做了两个五角星，那个机场航站楼正好是在北京的中轴线上，设计师就设想迎合中国的需要做了两个五角星，是正五角星，我提了一个意见说五角星也不只是指中国的，美国也用五角星，越南、朝鲜、马来西亚也是，您不能说五角星就是中国的，而且这个也太形式主义了，候机楼那个尖的端头到最后疏散这些都是有问题，当然他改了一下，到五角星的边上，再放宽一点，否则功能上有问题，但是不能那么形式主义，我觉得这种东西不要太过于符号化。上海还有一些类似此类的问题。

参与世博

采访者：您作为定居在上海的为数不多的两院院士，想必在举世瞩目的世博会上起到了重要的作用，请问您都参与了哪些与世博会相关的事情？

郑时龄：我自 1998 年起担任上海市规划委员会城市空间与环境专业委员会主任，自 2009 年起担任上海市规划委员会城市发展战略委员会主任，从 2000 年起参与有关世博会的规划、研究及审查工作。自 2011 年至今参与了世博会园区的后续规划和建筑的评审工作。

上海世博会的中国馆及周边相关装饰

2004年7月28日，被世博局聘为首批世博会研究中心研究员。

2005年11月23日，被上海世博会事务协调局聘为四位总策划师之一。

2006年7月18日，被中国2010年上海世博会组委会聘为主题演绎顾问。

2008年起被聘为上海世博会宣讲团成员。

2009年10月，应邀参加韩国丽水世博会主题馆建筑设计方案审查。

2009年，被意大利2015年米兰世博会聘为学术委员会委员。

在这个过程中，主要有六个方面的工作，贯穿世博会的始终，在这里详细地说出来，也有助于读者了解世博会举办的整个过程及细节：

一、参加世博会的申办工作

1999年，两位法国教授到上海来筹备2000年10月的欧洲大学夏日工作室的国际学生上海工作室的活动，从此让我与世博会结下了不解之缘。当时筹备上海工作室活动时，我担任上海市规划委员会城市空间与环境专业委员会主任委员，参与上海市重大的规划和建设项目与上海市城市规划管理局多次商议，规划局提出两个项目的设计作为选择，一是芦潮港新城的规划设计，二是世博会的规划。经过讨论，认为20平方公里范围的芦潮港新城规划不大适宜国际学生短期工作的特点，占地2平方公里的世博会园区规划想到范围较小，容易把握，而且世博会园区规划也更容易发挥学生的创意。

2000年10月开始的欧洲大学夏日工作室的国际学生上海工作室的活动于2000年11月24日结束，十四个国家的教授和学生参加

上海世博会场馆

上海世博会场馆

上海世博会场馆内景

了讨论,并形成了很多非常好的创意,其中同济学生和国外学生共同提出的一个方案是把世博会场地的选址从原先规划的黄楼放在黄浦江边。这一创意得到了外国专家的一致认可,并为这个小组隆重颁发了特别创意奖。

2001年6月中旬,我正在浙江嘉兴市政府大楼工地参观,接到市外经贸委原副主任胡仲华的电话,邀请我参加世博会的申办工作,7月下旬与申博办的副主任汪钧益等会面,正式参与世博会的申办工作,由此开始了我10年参与世博会的经历。

是年9月14日,在副市长蒋以任、申博办黄跃成副主任带队下,参加国际展览局在巴黎举办的有关世博会的125次大会,那天下午,我在巴士底歌剧院的圆形剧场介绍了上海的城市发展,陈述上海的城市发展与申办2010年世博会的规划设想。提出了根据上海市规划局划定的跨黄浦江两岸布置世博会园区的设想,国际展览局各成员代表对此十分感兴趣,在会上认识了爱知世博会的一些负责人,如原田镇朗等。

2001年从10月开始,参与组织世博会的园区规划国际设计竞赛，上海市城市规划管理局与上海世博会申办办公室在2001年9至10月组织了世博会园区概念性规划设计，要求充分利用原有的工业设施，改造并有效地保护历史建筑。规划还将治理环境放在重要的地位，与此同时倡导实验性城市社区的建设，探索新的城市结构理念。10月23日和24日参加评审世博会的规划方案，澳大利亚建筑师菲利浦·柯克斯（Philip Cox）、意大利卢卡·斯加盖蒂设计事务所（Luca Scachetti & Partners）、法国建筑工作室（Architecture Studio）、西班牙建筑师马西亚·柯迪纳克斯（Marcià Codinachs）、德国建筑师阿尔伯特·斯佩尔（Albert Speer）、日本RIA都市建筑研究所、加拿大DGBK+KFS建筑师事务所等七家建筑师事务所参加了方案征集，上海的邢同和建筑研究创作室、同济大学建筑与城市规划学院的教授王伯伟与李金生等也提交了规划设计方案。所有的九个方案都把生态环境以及城市价值的再开发作为规划的主导要素，计划将上海世博会办成生态环境的样板。经过全面的审查和讨论，选择了由马丁·罗班（Martin Robain）的法国建筑工作室的设计方案作为申办2010年世博会的规划方案提交国际展览局。

2001年至2002年，参与撰写世博会的主题演绎报告，2002年参与讨论并审查上海申办2010年世博会的报告中文本和英文本。

2002年1月起，作为陈述组成员，参与准备迎接国际展览局考察团陈述报告，负责有关城市规划和世博会园区的有关情况报告。并多次参加市政府、规划局等组织安排的准备会议。2月28日进行"彩排"，模拟陈述会的情况，并不断完善陈述报告。为了做好准备工作，先后十多次去上海城市规划展示馆，熟悉接待现场，熟悉专

上海世博会场馆

上海世博会中轴线建筑造型

门为国际展览局的考察而布置的展览会的内容。

2002年3月13日上午,作为迎接国际展览局考察团的陈述人,在城市规划展示馆向国际展览局考察团介绍上海市总体规划,介绍2010年世博会总体规划国际竞赛的设计方案。随后陪同国际展览局考察团乘坐黄浦江上的游轮视察世博会的规划场地,介绍黄浦江沿岸的情况和黄浦江滨水公共开放空间的规划。事先,陈述团的成员和规划局的有关人员在2月9日先对参观路线和现场情况进行实地考察,确定参观地点,计算并控制参观时间。在黄浦江的游轮上,由于考察团成员对上海的情况非常有兴趣,在船舱内介绍完黄浦江两岸规划后,考察团全体成员都上到甲板上,观看两岸的情况。由于天气较冷,考察团团长塞汶女士穿得比较单薄,我就把身上的风衣脱下来,披在她的身上。这段过程我已经忘记了,是中央电视台的摄影师用镜头记录下来,在世博会举办期间向我了解当时的情形才回忆起来。

当天下午,在陈述会的茶歇时,由于在2001年已经认识洛塞泰斯秘书长,又在会场陈列的世博会规划模型旁,向他介绍世博会的规划。晚上,陪同考察团在大剧院观看歌舞表演,15日参加了在国际会议中心为考察团举办的晚宴。

二、参与世博会各项规划的审查和评议

2003年以后,作为专家,全面参与了世博会园区总体规划国际设计的筹备,总体规划、控制性详细规划的审查与讨论。2004年,参与世博会园区场地规划调整讨论,筹备国际竞赛。2004年5月24日参加了在友谊会堂举行的世博会主题深化讨论会。2004年10月17日,作为专家组成员,对世博会规划方案进行评估。10月27日,参加世博会注册报告和世博会主题深化的讨论。

2005年5月11日,参加上海世博会规划方案专家咨询会,审查世博会规划。7月13日和10月31日、11月1日,参加世博会展示和论坛策划方案评审,8月4日,参加上海世博会规划区总体规划、控制性详细规划专家评议。

7月18日参加世博局组织的世博会《公共空间与建筑设计指南》的审查。8月17日,参加上海世博会园区场地设计专项设计方案征集的评审。8月下旬起,参加文新集团的世博会城市星球主题馆的展示策划工作。9月17至19日,参加审查南市电厂改造方案,对烟囱的观光缆车方案提出异议,认为在安全方面存在隐患,不宜在世博会期间采用。2007年11月19日参加关于世博会演艺中心的方案及课题研究的讨论会,我极力主张扩大演艺中心的容量,原定4000座不能适应上海城市功能的需要,举出1998年里斯本世博会到演艺中心容量为17500座作为对比的实例,这个建议最终被采纳。自此,参加了有关世博演艺中心的历次方案审查,一直延续到2010年。并多次参加有关世博中心的设计评审,我提出的关于扩大世博中心容量,增加大型会议设施的建议得到采纳,增加了5000人的多功能大厅等功能,以满足未来城市发展的需要。

自2008年起,多次参与中国船舶馆、信息通信馆、宁波滕头案例馆、沪上生态家等展馆的可行性研究、展示策划和展馆建筑方案审查。2008年7月起,参加中国馆外立面设计咨询专家组,担任专家组组长,讨论并论证与中国馆的外立面有关的材料、色彩、细部处理等。2009年3月31日,参加审查上海世博会庆典广场设计方案。自2008年起,参与西班牙国家馆的配合设计工作。

上海世博会场馆及周边绿化

上海世博会场馆

上海世博会场馆内景

2009年2月26日，参加了上海市环境科学研究院的《世博会环境报告》专家咨询会。2009年7月3日，在上海城市雕塑艺术中心参加世博会雕塑评审。

三、世博会主题演绎工作

2005年11月23日，被上海世博会事务协调局聘为四位总策划师之一。此前自2004年起，已经参加2010年世博会注册报告的审查，2005年3月16日，参加世博会主题演绎的讨论。7月13~14日，参加上海世博会展示和活动策划征集应征方案评审。2005年12月起，参加上海世博会事务协调局总策划师和总规划师每周的例会，参与审查世博会主题馆、中国馆的主题演绎及展示策划方案，参与审查论坛的策划方案。2007年5月16日参加中国馆展示方案的讨论。2008年8月11日参加了在兴国宾馆举行的中国国家馆展示概念优化方案评审会，12月8日在北京贸促会讨论中国馆的展示设计。同时参加了世博会各省区市主题陈述报告和展示实施方案的评议和审查，给予评价，提出修改意见。

2006年1月24日、27日参加世博会展示策划评审会，2月15日，参与市领导主持的上海市城市规划管理局有关世博会园区后续利用规划审查。3月4日和23日，参加审查上海交通大学、复旦大学、上海大学提交的世博会主题馆、中国馆的展示策划方案。2006年3月28日，参加中法世博合作研讨会。4月17日，参加上海世博会园区城市设计专家咨询会。7月18日在北京中国贸促会参加上海世博会主题演绎专家座谈会。9月9日参加世博会的世博村国际设计方案征集的评审。

参加了2003年10月、2006年9月、2008年9月和2010年10月的世博会论坛，并做主题报告。2006年9月27日在第四届世博论坛上的主题报告题目是《2010年世博会与再城市化——关于上海的城市主题演绎》。2008年9月6日在西班牙萨拉戈萨世博论坛上的主题报告题目是《上海的滨水地区再生与城市发展》。

此外，在许多城市的论坛上也用各种方式介绍上海世博会的主题和主题演绎。2006年5月2日应邀在纽约城市规划协会主持的城市设计论坛上作了题目为《上海的当代建筑发展》的报告，介绍了世博会的主题和规划。2006年10月19日在北京城市论坛上作了题目为《2010年世博会与再城市化，上海的现代化道路》的报告。2006年12月8日在德国法兰克福以"管理正在崛起的超大城市——挑战与前景"为主题的城市发展国际论坛上的报告题目是《中国的城市化和再城市化——上海的实验》。2007年3月26日在西班牙阿利坎特举办的第7届国际城市发展论坛上的报告题目为《上海的再城市化，城市具有的潜能和面临的挑战》。

2007年5月22日在沙特阿拉伯首都利雅得举办的第3届国际住房论坛上作题目为《中国的城市化和再城市化》的主题报告。

上海世博会意大利馆内景

上海世博会意大利馆内景

2007年10月29日热那亚意大利科技节上作了题目为《上海的再城市化和2010年世博会》的报告。2008年10月23日在意大利威尼斯建筑双年展以的国际论坛上作了以《水与城市的发展——上海城市滨水地区的空间转型》为题目的主题报告。2009年2月5日在意大利米兰《城市的未来》国际论坛上的报告题目为《上海2010年世博会与城市的未来发展——发生在一座不断变化的城市中的重大事件推动的发展》。

2009年10月16日在上海文化周台北文化论坛上我的主题报告题目是《2010年上海世博会与文化传承》，2010年10月6日在杭州举办的主题论坛上的报告题目是《后世博的上海城市空间，迈向可持续发展和宜居城市》。

自2010年以来参与了有关后世博的研究和讨论，并参加对世博会园区规划的评估工作。参加了上海市政府发展中心在6月18日组织的"世博园区的后续开发利用"论坛，在论坛上作了《后世博的上海世博会园区》报告。自6月23日起，参加了上海市建交委组织的"上海世博会自建馆评优"，为世博会的保留场馆提供依据，这项工作一直延续到2009年9月。自2010年9月3日以来，作为顾问参加了世博局后世博项目的策划和咨询工作，该项工作将持续进行若干年。9月5日参加了中欧陆家嘴国际金融研究院举行的《经济转型·文化建设——世博后发展研讨会》，并作主题发言。12月16日，参加了上海市规划与国土资源管理局主持的《后世博城市空间规划》的评审。

在世博会期间，于2010年7月4日参加了国际展览局组织的"和谐奖"的评审工作。此外，还参加了法国馆、意大利馆、智利馆、挪威馆、威尼斯馆、上汽通用汽车馆等展馆举办的论坛和报告会，7月13日参加了在城市未来馆举行的《上海与巴黎研讨会》，并在会上作报告。2010年9月1日在意大利馆主持了题为《方兴未艾的可持续性设计》的国际研讨会。

四、世博会和世博会建筑研究

我和同济大学建筑与空间研究所的同事积极从事世博会的有关研究工作，先后承担了三项上海市科委的世博专项研究课题，并且都已经通过验收。2005年主持了上海市科委世博专项研究课题："世博会规划设计导则"（No.032912056），出版专著《世博会规划设计研究》（与陈易共同主编，2006）。2006年主持上海市科委世博专项研究课题："世博园及世博场馆规划设计导则研究"（No.04DZ05801），出版专著《世博园及世博场馆建筑与规划设计研究》（与陈易共同主编，2007）。2007年主持上海市科委世博专项研究课题"基于高科技时代的世博会主题演绎研究"（No.06DZ05826），出版专著《和谐城市的探索》（与陈易共同主编，2008）。

2008年1月10日起，作为编委成员参加《世博会中英法文词典》编辑委员会工作。

自2006年以来，潜心研究世博建筑，撰写有关世博会建筑的专著。原以为这个工作比较不困难，深入下去就发现世博会的建筑虽然对世界建筑的发展起了非常重要的推动作用，但是却没有专门的世博建筑的历史和这方面的专著，有关世博建筑的史料和论述散落在不同学科和领域的文献之中。因此我注意收集有关的文献和图书，2004年和2006年在欧洲访问时收集到1958年布鲁塞尔世博会，以及米兰三年展的有关文献，也收集到1929年巴塞罗那和1992年塞

上海世博会中国馆

维利亚世博会的相关文献。2005年在加拿大访问时收集到1960年代有关蒙特利尔城市发展和1967年蒙特利尔世博会的有关文献。同时,也参考了各种建筑史料和有关建筑师的世博建筑作品的介绍,经过一年多的工作,在2009年出版了《世博与建筑》(与陈易共同编著,东方出版中心)。

历年来在国内外报刊和学术期刊上发表了近20篇有关世博会的论文,其中主要的论文有:《城市,让生活更美好——从2010年上海世博会选址看未来城市发展》(《文汇报》,2002年11月11日);《上海城市空间环境的当代发展》(《建筑学报》,2002年第2期);《上海与2010年中国上海世界博览会》(《时代建筑》,2002年第2期);《上海的发展与世界城市》(《上海城市发展》,2002年第6期);《全球化影响下的中国城市与建筑》(《建筑学报》,2003年第2期);《上海的城市规划与2010年世界博览会》(《建筑与都市》(A+U),第12期,2003年12月);《世界博览会与城市设计》(《设计》,2004年第9期);《上海的城市转型》(Urban Age Conference,2005年7月);《城市环境中的世博会规划

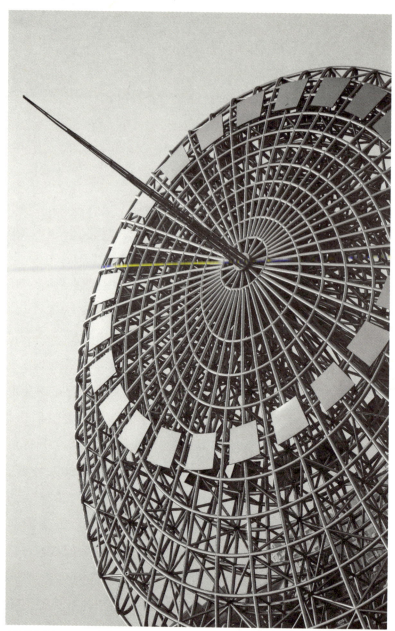
上海浦东世纪大道特色建筑物

与建筑》(《城市规划学刊》，2005，第四期）;《构建具有和谐的社会生态环境的城市》(《科学对社会的影响》，2006年第4期）;《中国建筑的自主创新——中国建筑师应是2010年上海世博会建筑的主导》(《城市规划学刊》，2006，第二期）;《从萨拉戈萨到上海——关注上海世博会建筑》(《上海画报》，2008年10月）《塑造优化的城市空间，提升建筑品质——上海的城市与建筑60年历程反思》(《建筑学报》，2009年第10期）;《世博与科技》(《光明日报》，2010年4月26日）;《绿色的宜居城市——世博会的启示》(《建筑学报》2010年第5期）等。

五、宣传和宣讲世博会

自2002年以来，在电台的"市民与社会"、"走进世博会"的节目，上海市科协的"院士论坛"、"名家科普讲堂"，在意大利、英国、美国、德国、法国、西班牙、荷兰、加拿大、沙特阿拉伯、日本、韩国等举办的国际会议和论坛上作报告，介绍上海世博会和上海的城市发展。

自2003年以来，在国内许多城市如北京、天津、重庆、济南、杭州、长春、深圳、大连、宁波、南通等，以及香港、台北、台中、台南等城市，同时也在大学、中学、区县、图书馆的报告会、论坛和讲堂作关于上海世博会的报告200余场。2006年9月21日还按照上海市科协"名家科普论坛"的安排，到青浦监狱，为劳教人员作《上海城市建设与世博会》的报告。期间还接受过国内外的许多媒体，报纸、杂志、电台、电视台的数十次采访，宣传并介绍上海世博会，如英国BBC、美国CNN电视台、德国西南电视台、芬兰电视台、日本电视台、意大利电视三台、新西兰电视台等，以及德

上海的街道

国、美国、瑞士、荷兰、新西兰、加拿大等国家的杂志的采访。

2007年8月5日,参加在上海图书馆举行的迎世博倒计时宣传月活动开幕式。2008年被聘为上海世博会宣讲团成员。

2010年3月12日,在上海市半淞园路街道参加迎世博倒计时50天的"院士与你一起看世博"科技传播活动。2010年4月21日,在上海市周家渡街道参加世博会倒计时10天的院士与你一起看世博科技传播活动浦东专场。2010年4月22日,参加上海图书馆的《世博讲座》。

2010年5月6日,在世博会公众参与馆参加《相约名人堂——与院士一起看世博》科技传播活动。10月29日,在世博会公众参与馆与沈文庆院士一起参加《相约名人堂——与院士一起看世博》的最后一场科技传播活动。

六、与世博会有关的城市规划工作

自1998年起担任上海市规划委员会城市空间与环境专业委员会主任委员,自2004年起担任上海市历史文化风貌区和优秀历史建筑保护专家委员会主任,自2009年起担任上海市规划委员会城市发展战略委员会主任委员,参与上海的规划、研究及空间发展战略研究和审查工作。包括黄浦江沿岸公共开放空间规划及城市设计、外滩城市设计、浦东国际机场二期工程、虹桥枢纽中心、虹桥商务区、徐汇滨江地区、杨浦滨江地区、崇明三岛生态规划等。

2007年11月27日起,担任专家组组长,参加外滩滨水区城市设计方案国际征集方案的评审。自2008年以来,与华东建筑设计研究院和同济大学的有关人员共同承担了上海市建设交通行业"十二·五"规划专题《城市建筑与空间布局》研究报告,由我主持,

上海东海大桥

在2009年完成了《上海的城市建筑与空间布局研究报告》。

2005年以来，担任专家组组长，与文管会、规划局、房管局的工作人员共同参与了外滩源地区以及上海市的历史文化风貌保护和历史建筑保护与修缮的审查工作，这项工作一直延续到现在。

世博后说

采访者：您在世博会的申办到举办期间担任主题演绎总策划师和组委会的主题演绎顾问，提出了这个主题是城市让生活更美好的理念，您从建筑师的角度谈谈这个理念是怎么形成的。也从策划者的角度给我们讲讲上海的这次世博会。

郑时龄：成功申办世博会非常重要的是主题，还有就是场地，这两个方面是衡量申办能力和世博会能否成功的重要环节。上海在筹备的过程中，甚至在一开始的时候就提这个说法，这是经过广泛征求意见的。1999年上海市委、市政府决议要申办世博会，其实最早追溯到1992年的时候，就想过要办世博会，所以在浦东的规划中还留出一小块地方作为世博会的场地，后来总体规划的时候又在黄楼地区留了两平方公里的场地。这次申办是从1999年开始决定，决定后就在探讨主题，揣测组委会最终会选择哪个城市，选择这个主题的一个原因是因为：到2007年整个世界的人口一半以上将在城市里面生活，是城市发展的一个里程碑，21世纪是城市世纪，所以说结合这样一个形式提出来，"城市，让生活更美好"。

另一方面，也有一点因素就是觉得我们中国要拿什么东西展示给人家呢？世博会的申办报告实际上是先写中文，然后再翻译成英文，这样更容易产生意思上的偏差。所以我们后来在主题演绎的过程当中，我一直强调城市不能主动让生活更美好，只有更美好的城市才能让生活更美好，这是非常重要的。因为城市有很多问题，我在主题演绎的时候写了一个报告，既谈到城市的积极意义，也谈到"城市是那种把人碾得粉碎的磨盘，城市也有着犯罪率高、环境污染、住房紧张、交通拥堵"等等的问题。

城市当然有好的地方，城市让文化能够发展，城市是整个人类进步的主要载体等等，所以我觉得应该全面来衡量，扬长避短，才能说城市让生活更美好。在世博会主题演绎的过程当中，我们也审查各个省市提过来的方案、展示、陈述、思想表达。对他们非常强调：这不是个成就展。应该把你们对城市发展的那种理念，把城市的特色展示出来。有不少地方拿出来的还是成就展，有些省市拿出来的东西，表述我发展得有多么好，这个其实不对，要探讨未来的城市理念。所以我觉得这次世博会也是很成功的，各个国家和城市有各自的主题演绎，这样大规模的国际文化交流，在中国应该说还是第一次。

以前虽然有一些各种各样的展会，但都是局部的，很小的。这次参观的人很多，达7300多万人。我往往都在早上还没有正式开门的时候进去，因为我们工作人员可以先进去，我就在那儿观察，有的时候也拍照，绝大部分来参观的人可能从来没有出过国，有一些是从农村来的，他们对一些国家，比如澳大利亚，或者有一些小的国家，一定从来都没有听到过，但是他们会根据地图找这个馆去看，我觉得这种影响还是非常之大的。有一些国家重点展示的理

郑时龄院士在上海世博园的工作照

念,包括了用建筑和展示的东西表达国家和民族的文化,表达与中国文化的联系,表达环保和生态的理念。有一些国家可能就展出它的文化,还有一些国家展出土特产,以及富有其特点的东西,这个也是相当普遍的。

我觉得对比下来,发现有一些国家馆很重视在会议期间的讨论和交流,很多国家馆里面都设了报告厅,经常举办论坛、讨论会以及各种活动,甚至有些很小的馆中都有这么一个会场。而反过来我们的中国馆和主题馆,那么大的展馆,却没有设置这种报告厅。各种报告只能在外面进行。我在世博会的主题馆做了两场报告,分别是院士看世博的第一场和最后一场。此外,在全市的许多区县都参加过关于世博会的论坛,还到各地去宣传,像到长春、杭州、西安等很多城市去宣传世博会。我甚至还到青浦监狱里面去宣讲,那是由上海市科协组织的,向囚犯解释世博会。世博会就是要把这个理念告诉大家,就是说这个城市要大家共同努力,才能使城市更美好,然后才能使我们在城市的生活更美好。

采访者：这个口号叫的的确比较响亮，当时在北京也到处都是这个口号。我们当时也有一种担心，这么多的人，这么大的压力。当时上海的领导在电视上经常发表讲话，每天的入园人数是多少人，每天交通量有多大，我想这里边安全问题、运输问题、住宿问题，还有参观游览的问题太多了，顺利地做下来真的挺难的。

郑时龄：对，很不容易，交通方面主要是靠公共交通，上海有个优势在于：比较早地认识到地铁和公共交通系统的重要性，所以上海比较早地发展地铁交通。这次世博会的期间，有4条地铁线通往世博园区。除了地铁，还有专用交通，就是专线的大巴、中巴以及旅行社的大巴。一个停车场停上千辆的大巴，安全保障是很困难的，因为夏天很热，统统地挤在一起，哪一辆车若是自燃，就可能全部遭殃。没有出过事是很不容易的。当然也有一些管理的不足，比如说过度的管理这种情况也有，我们也看到了，但是往往没有办法纠正。

采访者：前一阶段关于世博会，谈得比较多的是后世博的事情。我们在巴黎看到它的世博会遗存都得到了很好的展示，包括了埃菲尔铁塔、大宫和小宫，到现在埃菲尔铁塔还在用。现在大宫和小宫还是作为展厅在用。那么上海的后世博会，是已经有了规划，按照规划上来说要做成什么样呢？还是说摸着石头过河，边做边弄？

郑时龄：在世博会做园区规划的时候，就提出了一个思想，说是要按照它的后续利用进行规划，但是实际上没有能够做到这一点。世博会以后，就开始做后续利用的规划，有过好几轮方案，也搞过一些国际招标，最后上海规划院提出的方案得到一致认可，基本上

浦东的这块还是以商务会展为主。有一些场地留作备用，原来的C片区有一些保留的场馆。世博轴以及中国馆、主题馆、世博中心和演艺中心，那些地方是商务和会展，因为原来没有酒店，现在正在建一个酒店，然后是作为商务区使用。

浦西的企业馆的场地，将来作为博物馆和文化功能使用，已经规划了一些博物馆。像原来通用的汽车馆，现在已经改成了儿童博物馆，原来的城市未来馆现在改成了当代艺术馆，已经在对外展出了，城市最佳实践区已经完善了规划，设计了一些新建筑。但是那个地方现在没有形成气候，要等到一大批建筑慢慢地建成才好，现在在建设过程当中。

采访者：我们出版社里对这方面很重视，这方面的出版物追得比较紧，出这个方面的书。奥运会或者亚运会等等，发现他们跟这个世博会也一样，有着一系列的问题。为了召开亚运会和奥运会，盖了很多运动员村，是按照住宅盖的，结束以后出售，就是利用得比较好。但是体育场这块，利用得不怎么样，很萧条，包括了国外，我去看过巴塞罗那奥运会的会址，也是这样。

郑时龄：的确是有这个问题，那么多的场馆，包括了北京的那个奥运会场馆中有很多可能没有利用好。

采访者："水立方"好一点，但是"鸟巢"冬天冷夏天热的，还得要好好想想办法才可能搞得好一点。

郑时龄：要花很多的精力和钱进行维护，还得养很多的人。世博会有一个好处，它有很多都是临时场馆，半年后都拆了，拆了之后

2010年7月24日参加黄浦江开发论坛

土地可以再利用，但这样也是蛮浪费的，从生态环保的角度来讲，会制造很多建筑垃圾。那么有一些国家就会做得更好，比如挪威馆就可以拆了搬到别的地方去。有一些馆本来说是临时的，但是因为做得比较好，我们觉得要保留下来。比如说王澍设计的一个宁波滕头馆，那个位置的建筑本来是要拆掉，变成商务楼的，我们现在要求那个商务楼要尊重这个建筑，要把它保留下来，因为如果是拆这个建筑，负面影响会很大，所以现在正在协调这个事。

倾心设计

采访者：请您着重讲讲做建筑设计的历程。

郑时龄：还在做毕业设计的时候，我就在老师指导下设计了杭州延安饭店的冷藏库，一直做到施工图。在一机部二院的时候，我的第一个设计是娄山关的休息室，在"雄关漫道真似铁"的关隘旁的山坡上设计了一座用当地材料建造的休息室。后来又参加了险峰机

2011年3月在巴黎作关于上海世博会的报告

床厂、风华机器厂、第二汽车厂、北京阀门厂、沈阳水泵厂、济南第二机床厂、杭州锅炉厂等项目的设计。基本上都是工厂设计,我设计过最大的是200吨行车的厂房。最完整的是杭州锅炉厂,包括厂前区的办公楼、余热锅炉研究所以及两个车间。

回到同济大学以后,作为一名建筑师,我曾主持了南浦大桥的建筑设计,主持设计了朱屺瞻艺术馆、浙江海宁的钱君匋艺术研究馆、复兴高级中学、南京路步行街、格致中学教学楼、多伦路文化名人街、杭州的中国财政博物馆、上海会馆史陈列馆、外滩公共服务中心等50多项工程的设计。由于我有过13年的建筑设计院的设计经历,我在设计过程中总是尽量发挥团队作用,一直做到施工图、现场配合直到建筑完成,这样才能贯彻设计意图,保证品质。

由于同济大学参与了南浦大桥的工程结构设计,我从1988年起主持了南浦大桥的建筑设计。日本工程师原来在可行性研究时提交的方案是直线形的桥塔,这个方案在斜拉索的索面和人行道的处理上不是很理想,经过我们的设计,桥塔从上横梁向外侧伸出,解决了这个问题。桥塔的处理采用体量构成的手法,表面采用艺术混凝

上海外滩新貌

土。取得了较好的效果。

1995年虹口区要在鲁迅公园沿欧阳路建一座朱屺瞻艺术馆,展示朱老的作品。原来已经有一位建筑师提交了方案,但是他并没有潜心研究画家的思想。我研究了朱老的思想和作品,多次到基地探勘后,决定采用现代民间建筑风格来体现画家一生的追求。我和章明一起构思了一个方案,首先改变了从欧阳路进入艺术馆,然后直通公园的原有布局,而是从欧阳路经过一条里弄式的巷道再进入展馆。2004年,我们对艺术馆又进行了一次更新改造。

1998年与我的研究生庄慎一起参与了浙江海宁的钱君匋艺术研究馆设计,这个馆坐落在小山丘旁,山丘上有诗人徐志摩的墓。基地上有好几株紫藤和一些树木,我们的方案以六边形作为母题进行组合,留出的庭院正是紫藤树和基地上原有的树木所在的位置。

2000年3月,我与章明和张姿一起参加了杭州中国财税博物馆的投标,当时还有其他六个方案参加投标。考虑与城市的关系,与传统建筑的关系,与地形的关系,与广场的关系,与城隍阁的关系始终是设计构思的核心。博物馆的整个布局围绕已经建成的吴山广场,以广场作为博物馆的主要入口,并顺着吴山地形的变化将博物馆的各个部分加以伸展,呈负阴而抱阳之势。基地形状很不规则,高差达15米,能布置建筑的场地十分局促。建筑造型不可能对称,这里既有功能的差异,又有地形的限制。平面构成以战国时期的大型耸肩尖足空首布作为母题,寓意国家的财政,并加以变体与完形,以适应功能的需要,并适应地形的高差。我们之所以能中标是因为我们的方案与吴山广场完美地结合在一起,造型既体现传统建筑的韵味,不能照搬传统宫室建筑的纪念性造型,也不宜采用秀丽的民间建筑风格。建筑于 2004 年落成。

我还与王伟强教授一起设计了外滩公共服务中心，在外滩 14 号和 15 号之间，14 号是过去的交通银行，1948 年建造的。15 号是 1905 年建造的华俄道胜银行，今天是外汇交易中心。那块空地在 20 世纪 50 年代还建造过一座三层的小办公楼，只能算一个临时建筑。在 2003 年进行外滩规划的时候，就曾经想过一个形象的做法叫镶牙齿，把这颗空缺的牙齿补上，有过各种各样的方案。2004 年组织了一次国际招标，选的是意大利建筑师格里戈蒂的方案，他的方案比较理性，相对其他方案来说它还是可以的，但被领导否定掉了。2004 年又搞了一次国内招标，我跟我的同事合作的方案中标，中标之后，我不断修改，改了差不多有半年，这里面也有酸甜苦辣，我觉得跟管理部门打交道很麻烦，他们会觉得原来方案是领导看过的，你现在改了就不行，我说我跟这些领导都认识的，我可以当面解释为什么要这样改，管理部门认为你怎么可以跟领导汇报呢，应该是他们汇报的。后来也为此讨论过多次，我们的策略是悄悄地做实，又改掉一些东西，他们也不知道，于是就改的比例比较好。世博会之前把沿外滩的立面做好了，世博会之后又把从九江路一直到外滩的 L 型建筑也建好了。建成之后，国家文物局有人到上海，问上海文物局的人：你们外滩新造了一座建筑是哪一个？上海文物局的人说您自己去看，看了以后反而说是 1948 年的总工会大楼是新的，就没觉得我们造的这个是新的建筑，我说我们这样就算成功了。当然里面也有一些问题，本来我是希望它更矮一点，更小一点，21m×21m，做个正方的，因为边上的外汇交易中心是 22 米，应该比它矮一点，结果领导定了 24 米的高度。

采访者：现在您在做什么项目？

郑时龄：现在正在和建筑师刘毓劼一起设计上海武警政治学院，前几年我们一起设计杭州师范大学的新校区的艺术学院区。

采访者：听说外滩公共服务中心的设计还有一段插曲，能和我们说说吗？

郑时龄：外滩公共服务中心在即将完工时要改成金融博物馆。上海本来有一个工商银行博物馆，后来由上海市来接管，我觉得工商银行博物馆工作人员的要求中缺乏基本的建筑设计概念，他们就偏好扩大面积，我们在2楼设计了一个大的中庭，正对着外汇交易中心。因为它的南立面非常好，而且它是保护建筑，我们就退开一个距离，透过玻璃幕墙能够完整地看到外汇交易中心的南立面，而他们认为这个面积浪费，外面退进来的也浪费，要把它封掉，还要装自动楼梯，我与之辩论，说你们到底想展览什么，列出来，由建筑师来解决展览的需求，而且这个展览馆不会有很多人来参观，为什么一定要自动楼梯？后来算一下说是一天4000多人。上海博物馆的人也认为，这样的人流量，根本不需要自动楼梯，就否定了自动楼梯。但是工商银行博物馆的工作人员又去忽悠领导，要彻底修改，将中庭封掉，去除上下联系的楼梯。后来我也有点火了，这样乱改弄得不成样子。而且不顾整体效果去追求面积的概念是不对的，我说这就像动迁户一样拼命要争面积，博物馆应该先拿出展示方案来。工商银行博物馆的工作人员忽悠市政府发文，通过浦江办下达行政命令，就要把这个空间封掉。我于是就写了一封信给当时的市长，陈述我的观点。我说这个建筑其实在外滩不是小建筑，整个面积有8000多平方米,外滩大部分建筑只有四五千平方米,建筑体量并不小,按照工商银行博物馆工作人员的要求大动干戈修改的话整个空间就变掉了,就没有特点了。我说上海现在不缺面积,上海缺那种品质好的东西,非要那样改肯定是有问题的。我提了三个方案,一个上策,一个中策,一个下策。后来市长就批示给负责这件工作的一位副秘书长,现在这位副秘书长已经荣升副市长。他态度极好,要请我吃饭,本来开会的时候连正眼都不看我的。后来我们也让一步,把那个中庭不完全封掉,但是边上加一条走廊,这个面积比封起来相对减小,玻璃幕墙还在,空间感还保留了一点有意思的韵味。

所以我觉得甲方其实对建筑往往不懂,如果甲方真的是想好了,考虑到底要多少面积,要展什么东西,其实建筑师可以跟他一起来沟通的,但一般情况下,甲方好像是有生杀大权,他不跟建筑师沟通,我觉得这是当代中国建筑最大的问题,我们国内还缺少建筑师和甲方的沟通机制。其实大家是一种共同合作的关系,甲方其实没有意识到这一点。一个建筑的好坏,建筑师的专业素养是起着重要作用的,建筑师知道怎么来调整,可以把建筑的功能发挥得更好,但是大部分的甲方就不认可这一点。所以我建议建筑师最好不要马上就把最好的方案拿出去,因为甲方是一定要提出修改意见的,不管是领导也好,还是开发商也好,一定是要改的,否则就体现不了他们的权威。建筑师把最好的方案拿出去到最后必然会改得不成样子。还不如第一稿拿一个不怎么好的,他们肯定要改,然后说我听了您的意见,我根据您的意见改了一稿,他们肯定还不够满意,然后你第三次再把最好的设计拿出去。

我过去在设计杭州锅炉厂的时候就是这样，当时它的一个厂区是一个L形，就是刀把形的，其实我们觉得空间应该是互相呼应的，我们就想让把办公楼放到外面来，与厂房有个呼应的关系，而不是孤零零的一座办公楼，与厂房缺乏空间关系。但是我第一次没有把这个方案拿出去，领导来审查后提出意见，让我改，改到最后我拿这个给他，他说好了，因为他也觉得您听他的意见了。所以我们现在往往做设计方案的时候，我就建议第一版不要把最好的设计拿出去。但是投标就没有办法了，投标第一轮就要拿最好的。

此外，作为专家，历年来参与了上海大剧院、上海科技博物馆、"一城九镇"、黄浦江两岸城市设计、苏州河两岸城市设计、世博会场址规划、北外滩地区、上海船厂地区、紫竹科技园区、崇明三岛联动开发、崇明岛东滩生态保护规划、新江湾城、上海火车南站等项目的策划、评审和咨询工作，关注这些新生的建筑和城市的空间。也担任了上海中心、中国会展综合体的专家组成员。

第 3 章

内涵篇

师友影响

采访者：您在 1997 年的时候出版了《黑川纪章》这本书，让国内的业界了解了这位日本的建筑大师。听说你们是很好的朋友，而且您和很多建筑界的名人都较为熟识，请给我们简单谈谈？

郑时龄：我和黑川纪章先生非常熟，他曾到同济来讲课，那个时候我担任院长，自担任副系主任开始，就长期与他保持联系，他每当有新书出版，都会寄一本给我。黑川先生有很多思想和作品，希望我帮他在中国出版，于是我托一个在复旦大学工作的中学同学与我一同翻译和编写。中国建筑工业出版社的编校也挺好的。出版后黑川先生比较满意。就是这么一个事情让我们更加密切合作。后来我跟黑川先生也一直保持联系，他在 2007 年故世之前的 3 月份搞了一系列讲座，他请了很多建筑师朋友，包括美国的，欧洲的，也请我专门做了一次讲座，那是我最后一次见到他，后来他 10 月份就故世了。

采访者：另外一个问题就是说对您影响力比较大的建筑师，有合作的老师或者一些同事，您感觉哪个影响力比较大？

郑时龄：读大学的时候同学们最崇拜的就是冯纪忠先生，那个时候只要是他改图，大家就里三层外三层地围上去，最外圈的要站在制图凳子上，制图凳子的面是斜的，又很高，站在上面很危险。大家觉得他很有思想，他会引导你，我觉得对我们的影响很大。他对每一个设计作品都有思想在里面，你可以看得出他思想的脉络。我们这一届很得益于他的空间原理，他就是在我们这一届开始试点讲

采访现场

空间原理的,所以比较完整,我那个时候笔记记得很好,后来有一次学校里要展览,就再也没有回到我这儿,我觉得很多东西我记在那个笔记本里面的。

采访者:这些年城市的空间也是很受益于这些理论。

郑时龄:的确是有影响,城市的空间具有一些哲理性,我觉得凡事都有哲理,我就找这个哲理。要去思索为什么会这样?它总是有一个过程,不是要看它的结果,而是要看发展结果怎么会到这一步的。我现在研究的建筑批评,我就希望找到建筑的哲理,我觉得冯先生对我影响很大,而且那个时候好些老师对我影响都挺大的。比如罗小未教授,那个时候她教我们外国建筑史,她就会引导我们再去多看一些东西,再去思考一些东西,希望知识不要只是在书本上。我记得我当年做作业的时候,为了写了一篇小文章,就看了很多参考书。后来我读研究生时发表的第一篇文章实际上就是我读大学时的上课的作业,扩展之后拿出去的。这跟中学时代老师希望学生扩大知识,不要只是局限在专业上面是有一定关系的。那个时候我们有很多建筑设计课的老师都挺不错的，而且如果他们觉得你可能好学，这个人还可以教，就会格外地帮助。比方说我们那个时候学生不能借图书，甚至外文书也不能看，有些老师有时候拿一本书给我看，下课后抓紧时间抄录下来，次日还回去。有一些老师也会引导我们放开思路，比如说美术老师朱膺先生，他一看我画画，说我还是会画画的，会抓住某些东西的，然后他就会教我，我那个时候得益于很多老师。我觉得很多老师有乐于助人的心态，他虽然并不非要帮助你。一年级一进校我们就到松江去参加秋收劳动，把我分在那些教授们和系主任在一起的那个组。医生每天要去巡逻，到每一个小队里面去，我就跟着他们去，然后就跟那些系主任和大教授们住在一个村子里，他们说笑，讲什么也不避嫌，我就受到这个影响还是挺多的。这样就会引导我去动一些脑筋，我觉得这个挺好的，我那个时候并没有偏哪门课，所有课程我都很喜欢，我都觉得对我挺有帮助的。

　　我的特点就是做事情认真，做什么事情都会投入，这一点也是挺重要的，这个可能是中学里我培养的习惯，就是做什么事情都要把它做好。有一些老师给我很多启发，比如说我们读研究生时教结构选型课的老师蒋大骅教授，教我们这些数学和结构上的"低能儿"他都很认真，根据学生的特点，从图像的角度，从弯矩的变形这些有视觉表现的方面来教我们。我觉得他会把一件本来他觉得是苦恼的事情，变成一个很快乐的事情，然后就做好了。我就觉得这个对我们很有帮助。

　　从中学到大学的老师，甚至我在设计院单位里面那些老的工程师们都对我有一些影响。人生会碰到很多各种各样的人，所以我的

典型的欧洲老建筑

成长其实有很多偶然性，中间只要有一个环节不对可能我就不是今天这个样子，所以也千万不要说是院士就是怎么样一个东西。其实后来参加选院士我也发现这样，有很多偶然因素在里面，中科院技术科学学部有41个一级学科，搞导弹的院士怎么知道你搞建筑的人好？我也搞不清楚搞导弹的候选人好还是不好，其实就是本专业的人认可你，本学科的人认识你，然后推荐你的人大家信任他，他们投的是信任票。所以我觉得这个非常重要，像罗哲文，冯纪忠先生都比我有才华得多，但是他们没有这个机会，其实他们也都完全具有院士的水平，但是没有机会，我觉得是有很多偶然的因素在里面，千万不要把这个当成就，觉得自己不得了或者怎么样。

瞭望世界

采访者：您跑过很多个国家，现在学生出国机会慢慢也多了，您对他们有什么建议，比如我到哪个国家重点要看看哪个时期的建筑，或者是哪些建筑，对学建筑的学生，您给他们一些建议？

郑时龄：在国外每到一个地方，我都会参观博物馆。我在佛罗伦萨待过两年，那个时候美术馆每个周末是开放的，不收门票。所以佛罗伦萨的美术馆我都看遍了，也养成了我每到一个城市，博物馆总是必看的。我现在每次去巴黎，只要有时间，卢浮宫总是要去一趟的，尽管很多东西都已经看过了，但每次就看一部分。

我1984年到意大利，在佛罗伦萨大学建筑系进修。我按照建筑历史教给我们的知识，如文艺复兴、罗马风、巴洛克式，带着这个观点去套，说这个建筑是什么式样的。到后来我发现这样讲法非常片面，因为很多建筑是几百年间建成的，你能说它是什么式样，不能用这样简单化的定义来衡量。带着一种框框，给它贴标签。很多建筑融合了各种文化，所以到后来我就慢慢会理解，不再用贴标签的方式来看建筑，而是看它的内涵，它怎么形成的，跟这个国家的文化结合起来看。我们不能够从表面来看一个建筑的风格与装饰，要看它怎么形成的。不能单一地看建筑，要看它的文化背景，历史背景。而且对这个国家，对这个城市，需要有一定的了解。我觉得有很多东西，在当时并没有太了解，等回来以后再仔细看了一些书之后，才对它有更深刻的了解。我觉得除了看，还得再读一些书，才能深刻地来了解。

还有不要只看那些最有名的建筑，我们历史书就教给你一些代表作，其实还有一些并不属于这个主流的，很可能过一段时间会有不同的观点。另外有些很有名的建筑，其实它也是在特殊的条件下形成的。还有很多我们平常日常接触到的那些建筑，可能不那么有名，但是它还有一定的意义。

另外我们看建筑的时候，往往是看什么？我们过去看到的都是照片，理解的都是这个照片。这个照片是在特殊情况下拍出来的，但实际去看这个建筑，往往不是这么纯净，它可能混在别的建筑里面。你觉得怎么这个环境是这个样子的，我们以前就是割裂了时间和空间，割裂了它那个环境，给人们一张这个建筑的照片。

采访者：我理解也是有时候它是摄影师主观的认识反映给你，你自己并没有到现场去看，这之间有一定的误差。

1995年郑时龄院士在纽约

郑时龄：对，所以您去现场看的话，就会感到不一样，可能就不是我们所想象的那个东西。所以我觉得建筑，当然不可能全部亲眼看到，但有可能自己看到的，尽量自己看，看了之后，还要读一些书。比如悉尼歌剧院，当然我没亲自去看，我连澳大利亚也没去过。但是也有一些书是批评它的，包括它的功能上和技术上的不合理。这类书也得看，然后才能够对它有更深刻的了解。所以我觉得可能看一个建筑，除了观看还要看书，还要看别人怎么描写，还要看它深层次的内容，这才是看建筑。我发现看建筑总是看不完的，所以我现在到国外去，除了有一些没有看到，很特殊的建筑，或者说它代表了一个新的潮流，才会去看一看。要比较深入地看一些东西，还要有选择性一点儿。

我们对同一个建筑的认识也是在不断变化的。因为我们毕竟生活在另外一个文化环境里面。有时候可能还是看我们自己身边的那个建筑，可能更有意义。比如上海有那么多新的建筑，我们要去看，去体会，去想一想。过去我觉得比较好的一点是，大家都靠素描画下来，现在就咔嚓一张照片留下来，但是就看得没那么仔细

威尼斯街区

威尼斯街区

了,其实应该在这个环境里面体验。

我另外还有一个体会。我第一次到纽约的时候,住在城外,每天坐地铁进去,其实对这个城市是陌生的。以后有几次我就住在市中心,很多地方用脚都跑得到,仔细地观察环境,深入地了解,对这个建筑认识也就更深刻了。比如纽约的 MoMA 现代美术馆,我去了好几次,每一次对它有一种新的体会。就是因为要生活在那个环境里面,才能够更好地体会得到。

采访者: 呼吸它的气息。

郑时龄: 对,比如威尼斯,我去过差不多有十趟吧,最早的时候去当然住在城外,甚至没住在岛上面,对它的认识其实是不够的。后来几次住在岛上,住在中心地带,晚上可以体会各种各样的细节,对它的认识慢慢就深入了,所以建筑的内涵需要深入地体验,确实不能够只是看照片,那只是表面的,要生活在那个地方才会更好一些。2008 年 10 月我参加威尼斯建筑双年展的论坛,就住在离圣马可广场不远的地方。每天早上到圣马可广场转一圈,然后开会,或者是去参观双年展。到晚上睡觉之前,到广场上再转一圈看一看,听听那里的音乐,广场上有很多酒吧,还有三大咖啡馆,这家先演奏,然后休息一会儿,另外一家咖啡馆接着演奏,于是可以转着听,站在那儿也不用付钱,然后听够了之后回去睡觉。

意大利还是蛮有特点的。比如在罗马它有一个叫希腊人的咖啡馆,这个咖啡馆非常有名,就在西班牙广场那条街上面。那儿的咖啡其实并不贵,一杯咖啡 1 欧元多点,顶多再给一点小费。所以在那种地方你可以接触到社会的各个阶层。

采访者：还有一个关于欧洲建筑的事。我去意大利看圣彼得大教堂，我很惊讶于这么多巨大的石料，如何采集和运过来，他们告诉我这不是一种石料，而是一种天然水泥。

郑时龄：的确有一部分是人造石。

采访者：采下来那种石粉，直接与水搅拌后放上去固化。我摸了摸，特别硬，几百年了，到现在还很好。

郑时龄：对，他们做的人造石简直像真的一样，包括柱子很多地方都是这个样子的。

采访者：包括巴黎街头就是前面那些雕塑，好多都是这种人造石做的，我先前以为这些雕塑要是石雕，那如何得了。当地人说不是的，说有一些模具做出来，再手工加工。有点像现在咱们仿古的漆器，以前漆器全都是一个平面雕出来的。现在不是这样，现在是用模具压出来，用刀再扫一遍，跟古法效果一样，实际上也是有变化的。

采访者：您原来讲过整个的欧洲文化是多元性的，请给我们讲讲？

郑时龄：我在报告，或者做一些研究的时候，我发现我们现在讲东方文化，西方文化，是我们把它装在一个太大的篮子里面，我觉得，其实有各种各样的西方文化，欧洲的西方文化、日本的西方文化、俄国的西方文化，其实完全不是一回事，和美国的西方文化更不是一回事。我有一次接待加拿大的一个部长，他讲了一句话令人印象深刻：我们是美洲人，但不是美国人。同样属于北美的他，觉得美国文化跟加拿大完全不是一回事。

在欧洲，我就觉得意大利的西方文化，跟法国的西方文化，完全不是一回事，跟英国的也不是一回事。因为欧洲一直是处于分裂状态的，一直是各个公国，一些小国家和城市国家的共存，它互相之间的差别很大，甚至意大利各地的差别就很大，如果说去过了巴黎，就可以说了解法国，但是到了罗马却不能说了解意大利，因为很多的城市文化是不完全一样的。像英国各地，如苏格兰、威尔士、英格兰，它也有各自的特点，它们之间是互相影响的，但是各有各的特点，所以每一个国家的文化，它的民族特性，它所发展的道路都有很大的差别。比方说我们讲的很典型的事情，欧洲人给我们经常讲：德国人看见红绿灯认为是命令，法国人看见红灯认为是劝告，意大利看到红灯认为是挑战，要冲啊！所以这些国家的文化里面差异是很大的，像法国很早就中央集权，意大利一直到19世纪末的时候才成立统一的共和国，以前是分散的多个城市国家，不能笼统地用一个欧洲文化，用一个西方文化来代替，欧洲其实是多元的，和中国各地文化不同，并非一个大文化概念下略有不同的亚文化。我们在研究的时候一定要注意这些问题，不能想当然。

中外对比

采访者：您的阅历非常广，在国外也教过学，您对比一下中国的大学生，尤其学建筑的大学生，跟外国学建筑的大学生，有哪些

2010年9月1日参加意大利馆的世博论坛

不同,有哪些需要改进的地方,您有哪些建议吗?

郑时龄:我在国外的教学也不能算太丰富,我在佛罗伦萨做访问学者的时候,曾经参与过毕业论文讨论。那已经是指导研究生论文了,所以也不能算典型的大学生,1989年我在美国参加教学的时候,参加过他们的设计课,参与指导。我觉得美国学校有一个优点,就是鼓励学生放开思路想,比如老师让学生第一次做方案的时候,他要学生提十个方案出来,第二次他看方案的时候,要求学生对十个方案都要介绍,培养学生的表达能力。我觉得这一点比我们的学校要好,我们培养学生的表达能力相对来说差一些,我们很多毕业生介绍方案的时候,要么磕磕巴巴,要么羞羞答答,就很难很自信地说服人家。另外,学生可能第一次做十个方案,然后被老师选了五个,下一次挑出来三个,最后定一个方案,让学生深入下去。这样使得学生在深入之前,仔细地想过各种方案的可能性,我觉得这一点比较好。我们现在的学生经常会有这样:他的思路很多,今天拿一个方案给你给他改,改了之后,下一次他又弄一个方案,改了之后下一次再弄一个方案。他一直在做快题,他就不会循序渐进地一

2010年9月在专指委大会上作报告,上海世博会与建筑教育

点点深入下去,我觉得这点是不够的。我经常会参加国际设计竞赛招标评审,我们当然希望鼓励中国建筑师能够做好,但我觉得到最后,往往是我们不得不学外国建筑师,他们的理念,跟业主要求功能的贴合会比较好一点。

我们有时候只是从形式出发,我举个例子,这次上海世博会博物馆,地基是长条形的,有一个方案也做了长条形的,那个空间很复杂的,空中挂了各种各样的东西,设计师声称主题是爆炸。我就问他这个博物馆跟爆炸有什么关系?他其实就是从形式出发,想弄一个构思好的形式,然后套上去所谓的这个理念。还有一个方案,设计者说寓意一片叶子,叶子跟世博博物馆是什么关系呢?只不过因为这个地形是长的,两边弯一弯弄个尖的,就像一片叶子。其实它是先有了形式,再来套理念。

因此,我就觉得我们这方面的培养可能不够,现在的学生知识面相对来说会窄一点,有时候我会感叹,学建筑历史理论的研究生应该知识面很丰富,应该是历史、艺术,都应该掌握全面一点,但是现在很少有学生能够做到,不像我们当年兴趣广泛,慢慢建立这个基础。比如我有一次，有一个华师大的硕士生毕业了，他想到我这儿来读博士，我觉得蛮好的，因为他读美学的，我想可以，因为我搞建筑艺术理论，有时候跟建筑美学有关系，我希望他来读这个博士。但是一接触我发现他连文艺复兴和巴洛克哪一个在先，哪一个在后都搞不清楚。要从头培养起这个基础，我觉得这样的话我带他就太累了。我觉得我们学生知识面的狭窄是一个问题。

我觉得美国高校培养研究生的方式挺好的。不是建筑学的学生也能来读建筑学的研究生。这样可以使得学科交叉。甚至我碰到有学文科的学生，现在来读建筑。当然他可能画图不行，但是他可以用做模型的方式表达一些想法。我们的高校在"近亲繁殖"之后出现了问题。而且我们的评估体系，就要求各个学校都是一个模式。这可能也有问题。所以现在并不是建筑师王澍得了奖之后，他介绍他的教学方法，我才认可他那种教学方法。我们不一定非要大家一律用老一套的教学体系，培养出来的人太单一。我觉得应该鼓励各个学校应该保持各自的特点，不要用一个模子。我们用一刀切的方式来进行，是不恰当的，应该鼓励各个学校有自己的特点。

像哈佛大学的建筑设计研究生院能够请世界各国的教师过去讲课，我们这里做不到。他们请的都是大师，而且那些大师不一定是教授，但都是拿过普利兹克奖的，是真正能够做设计的。我们现在有什么问题呢？大学里面我们现在请不到那些人，像我们同济大学，而且别的学校也是这样，担任教师一定要有博士学位，而且是国外拿的博士学位，他的操作能力怎么样，我们是不知道的。而且国外很多学校的建筑设计并没有博士学位的，顶多是硕士学位。会搞设计的人，他不是博士，就没法请，东南大学的王建国院长曾让我帮他写一个推荐信，他们招聘了一位获得美国硕士学位的人做教师，学校不批准，就说他们学校一定要博士才可以。我就写了一个推荐信，因为像这个学校的建筑设计专业是没有博士学位的，建筑设计专业最高的学位就是硕士，高校应该请有实际经验的人来做。我们当年读书的时候，同济大学有一些优点，会请外面的设计单位的人来，那些工程师用具体操作的实践来教我们。当然具体操作的人可能讲不出道理，但是他会引导我们从实际出发，做一些更符合实际的东西。

建筑这个专业的实践性非常强，对于建筑技术，建筑学，以及艺术，这三块都会涉及，我觉得比其他学科更宽泛一些。现在有一个好处，我们学校里的老师自己可以做设计，所以他们是有实际经验的，但是有时候也有一些问题，因为好多老师只做了方案，没有做下去，施工他们还不懂。这也有一定的局限性，只有少数教师能够实行下去。

我们这边也有一个设计院叫都市设计院，其实就是我们学院里的老师在那边做设计。设计因为有管理体制，需要有单位的资质和个人资质结合，结合点就是附属于同济大学的建筑设计研究院，所以同济的老师一直都有实践的经验。设计院现在已经变得十分壮大，是全国最大的高校设计院。所以说各个学校还是有它自己特点的，另外我们同济有这么个说法：清华没有建筑学院还是清华，同济如果没有建筑学院他就不是同济了。所以学校对我们这块还是比较重视的，我们学院现在有五座楼，在全世界各建筑院校中，它的硬件资源都算是比较丰富的。

读书问道

采访者：您现在这些著作当中，哪些书对您影响比较深？

郑时龄：我看的杂书比较多一点，当然要看不少建筑类的书，其中有一些书我觉得还是蛮好的，比如说像彼得·埃森曼的《图解日志》《图解笔记》，这几本还是很不错的，我还是蛮喜欢看的。有一些我参与翻译的书，我对它的研究就深一点。像塔夫里的《建筑学的理论和历史》，我翻译了两遍，第一次的翻译在1991年出版，到2011年又重新翻译再出版。都是中国建筑工业出版社出版的，这个书我就看得比较透一点，而且与之相应其他的文献都要看。

采访者：中国国内关于建筑史的书您有印象比较深的吗？

郑时龄：本土的我觉得刘敦桢先生主编的那本《中国古代建筑史》，写得很好，花了很多精力。2009年出版了由刘叙杰、傅熹年、郭黛姮、潘谷西、孙大章等主编的五卷本《中国古代建筑史》(第二版)。我觉得你们出版社很严谨，编校人员非常严谨，我的《建筑批评学》中的很多错误都能看出来，查得也很仔细。

采访者：您的《建筑批评学》的主要内容是哪些呢？

郑时龄：《建筑批评学》这本书的出现是因为我在1992开始上建筑评论课，一开始没有教材，我就有一个讲课的笔记，然后慢慢整理，后来再把它变成文字，到2001年的时候作为教材出版。原来的版本中全书分成七章，第一章是导论，即《建筑批评学》概论，第二章讲建筑批评的主体论，因为批评总是一个主体和客体的关系，所以这个是建筑批评的主体论。第三章是建筑批评意识，因为这跟意识有关系。第四章是建筑批评的价值论，第五章是建筑批评的符号论，当然价值论和符号论是我原来建筑理性论里的基本观点，因为批评的关键就是价值问题。第五章就是建筑批评的符号论，因为有一个表达、交流的问题。我原来在理性论中强调的是价值论和符号论，但是我觉得建筑不光是这两个东西，还有建筑师的创造性的问题。所以第六章讨论建筑师，然后第七章就专门谈建筑批评的方法论。

  现在这个新版。我调整了一下，变成九章，第一章是导论，第二章中我把建筑批评的历史总结一下，包括中国建筑的艺术批评，文学批评，跟建筑批评的关系，第二章是建筑批评史略，第三章还是建筑批评意识，第四章是建筑批评的价值论，第五章是建筑批评的符号论，第六章仍然是建筑师，第七章是建筑批评家与批评，就是搞建筑批评的人应该是怎样的，这一章是增加出来的。第八章是艺术与建筑批评，因为我觉得建筑批评的手段不仅仅是建筑本身，跟建筑还有很多关系，第一版里面，是与批评主体论结合的，我专门写了一章艺术与建筑批评，里面谈到雕塑、绘画、摄影、电影、文学、音乐与建筑的关系。最后一章还是建筑批评的方法论，大概是这样的结构，所以结构重新调整，大概每一章的版面字数是六万多字，全书差不多50万字到70万字。

  采访者：您在30年前写的博士论文中，就考虑了建筑的根本问题，尤其是中国当代建筑本质问题，意识到了最根本的是建筑符号的价值体系跟符号体系的问题。

郑时龄：对，我那个时候考虑这些算是比较早的了，我觉得我们国内对价值观念不是很重视，建筑批评其实最重要的就是价值判断，你用什么标准来衡量，你是站在哪一种价值观点上来评价的，我觉得这是非常重要的。评价的时候必定有一个价值的取向，建筑是为主体用的，主体有什么价值观念，它会反映在建筑上的，所以说要找它的那个价值取向。我们现在出现的很多问题，其实跟价值取向有关系。建筑的质量怎么样，或者设计的水平怎么样，其实都跟这个有关系，要造什么样的建筑，其实也是跟这个价值取向有关系。

采访者：我们在探讨乡土建筑的时候，就是在山西和陕西一带，讨论独立式、靠崖式，还有下旋式，这三种窑洞的时候，搞乡土建筑的人，就是尽量说它好，节能、冬暖夏凉等等。但是我看完了之后谈了我的感想，我说我和您有不同的意见。当时的那种因地制宜简陋，经济条件限制出来了这么一个窑洞，但是实际上这个窑洞的采光问题，通风问题，防潮问题难以解决。我在里面住过，它不通风，在里面住着受不了，又潮，还特别的闷，所以我就觉得对中国乡土建筑不能全说好。

郑时龄：那种建筑不一定舒服，但是它一旦形成了，作为一个文物，又不能把它弄掉，还得承认它的文物价值。因为它可能在功能上面的价值并不是很高，但是它有历史价值和文物价值，要区分不同的价值观念。像那个窑洞的价值不主要体现在居住的舒适度上，而是其他，比方说人类学的价值、建筑发展过程的价值，所以因为它的历史，它会有较大的价值。像延安窑洞有它的历史价值，所以说要区分不同的价值观念来衡量这个东西。

采访者：我得拜读一下您的书，您这么解释非常好。因为我看过一本原来写的，关于中国的旅游区的白皮书，它实际上是一个批评，对中国旅游区存在问题的一种批评，它没有分析这么多不同的价值，您的批评就是属于某一个价值体系的，它没有这么去做。

郑时龄：其实一定是要有价值体系的，才是有标准的，不然就没有办法衡量。符号呢，我就是谈了建筑语言学和符号学的表现，当然符号学已经过时了，现在都不谈了，但是实际上还是有这么一个内容在里面，有了一种表达及人们的认识，实际上还是谈的这种交流关系。

采访者：您说过吧，就是在设计领域反映人们的自觉意识和才智技能两者结合，能够结合一些具体的项目谈谈吗？就是在设计领域，您说反映了人的自觉意识和才智技能两者结合。

郑时龄：其实建筑设计所需要的能力，跟一个人的能力大小还是有差异的，这个在自我悟性上面有很大的差异。有些人他会自觉地去改变自己，我经常讲一个人做设计，其实首先要设计自己，你设计别人，你设计别的东西首先要设计自己，因为我觉得可能每个人都有不足的地方，如他的学术背景，他的知识面等等，还是要有一个持续不断的计划。这就是一种自觉的意识，提前知道你自己应该做些什么东西。比如我们在画画时，首先得有一个最终画面效果的意识。所以我这次在那个建筑批评学新版的书里面，谈那个批评意识的话，增加了很多内容，我觉得从我们讲的功能的意识、生态的意识、环境保护的意识，以及我们常讲的文化的意识，还有科学技术的意识等等，这些我觉得都是对一个建筑师来说必不可少的。所以首先要意识到这点，有的时候我们做事的时候，可能意识不到，自己没有去想一想，所以我觉得要去思考这些东西，然后才可以去做。建筑所用的材质等细节，你大可发挥自己过去的那些水平，或者说从技术上面表现，我觉得这当然也很重要，因为你只有意识，眼高手低也不行，所以说这两个东西应该是结合的。

采访者：其实建筑师的作品出来了以后，就是他的意识与才能结合的具体体现，形成产品了。

郑时龄：对。这里面当然有其他因素的制约，可能会受到基础条件的制约。包括建造过程当中，材料、施工等等资源，但是可能最前面的这两个，即意识与才能，对建筑师来讲是最重要的。我就觉得有的时候我们会看到一些方案，缺乏我们所说的这种意识，只是从技术上面去表现，但是建筑师没有意识到这个不足。我前面讲到了，功能的环境和各方面的这种意识，在创作前应该要考虑如何满足这些条件的，但是往往没有，我们往往不注意生态和环境，只是注意一种表现，这其实也是一种问题。

采访者：推介黑川可能也是由于这个原因，他的创造里面有思想。

郑时龄：对，我觉得现在有一些建筑师是蛮有思想的，前面讲到了黑川纪章，还有伊东丰雄等，他们都是思想家，现在我们很多建筑师不是思想家，他只是做设计的，我觉得这样知识层面就不够了。

采访者：您觉得中国建筑师当中有谁比较好一点，有什么评价吗？

郑时龄：这个事情蛮难的，一是这些评价一旦公布出去，性质就蛮严重，要打住。包括有一些世博园里的建筑我不敢评。

采访者：因为您处在这个地位，在舆论上是有分量的。

郑时龄：我真的需要很含蓄地讲一些问题，因为在我们国家公开地去评判，可能会有一点问题。

采访者：过去有人讲一句话说：官越大，胆越小。

郑时龄：我不是官，但是我怕对别人造成一种伤害，对于当代建筑的看法，我觉得后人自有评说，包括了最近一期《建筑师》杂志，我昨天看了那个里面对王澍获普利兹克奖有各种各样的评论，我觉得这个很正常。

采访者：我觉得这是个好现象，尤其是百家争论，很多人就是觉得一辈子说好就是好的，我觉得这样不好，应该有不同的声音。

郑时龄：其实批评，我一直说建筑批评，既讲不好也要讲好，因为批评这个东西不是说讲他不好的东西，还是得找出要判断的关键，要找出内在的一些东西。

采访者：就是批评、判断、评价，都在里面。

郑时龄：对，是。

采访者：我接触的中国古建筑特别多，这方面的专家有很多和我是朋友。我就感觉他们一辈子只说它好，不说它的问题，他们只会提一些木结构建筑的保护维修问题的建议。实际上它的空间，它的布局，从现代的角度来说，或者说从人生活需求角度来说还是有很多的问题，但是这些问题被忽略了。

郑时龄：所以像日本走出了这条路，不是用那种西方的思想演绎今天的建筑。日本的音乐家小泽征尔讲过一段话，我觉得蛮有意义的。他演绎西方音乐是用日本的思想，日本的精神，用日本的哲学来理解西方的思想，这句话很重要。因为我们平常总说日本缺少思想家，可能有一些人包括了像小泽征尔、黑川纪章、伊东丰雄这些人，他们还是有一些有思想的。或许日本到现在没有过大思想家，但是这些思想家还是存在的。

学术思想

采访者：您能否谈谈您所提出的以黄浦江跟苏州河滨水空间作为城市空间核心的思想，这是您提出来的。

郑时龄：1998年上海要举办科技论坛，那个时候就委托上海市的规划协会，组织一次与城市空间的发展相关的一场论坛。从1997年就开始准备，那个时候要我做一个主题报告，1998年的时候我研究这些问题与上海发展的关系，我觉得从城市空间来说，城市已经发展得很密集了，而且都集中在原来的老城区里面。那个时候人们常说城市建筑像蘑菇一样乱长，有的人说像竹笋等等，每一个建筑都要成为标志,所以整个城市就相当拥挤且混乱,我就从上海的这个发展来看,一方面应对产业结构调整的需要,还有城市空间结构的调整也是有必要的,所以提出了应该以黄浦江和苏州河作为未来城市空间的核心来发展,因为这相对来说可以算是一个空间的,而且那个时候浦东已经发展了,这个空间它就不再是过去的一种松散结构。

同时,浦东形成了一条沿世纪大道的轴线,那么就是以苏州河、黄浦江这两个空间的轴线为依托来发展城市空间,而且就黄浦江本身来说,曾经在工业化时期变成产业空间,工厂、仓库、码头、炼油厂、造船厂等等都有,现在是后工业社会了,肯定是要有所调整的。1999年哈佛大学筹备了一场论坛,主题就是谈后工业社会的滨水空间,我当时已经接到邀请要去,所以就把这些概念结合起来,搞了一个上海发展的脉络,强调这个滨水空间的重要性,所以那个时候提出了这么一个思想。在那个论坛之后,文汇报有大半版的内容就专门采访我,谈这个问题。

采访者:很多的城市都是有河流穿过而形成的。河流在城市流过的时候,沿河的景观,以及空间的规划,实际上跟您的理念好像是差不多的,都特别重视沿河的开发或者说规划。

郑时龄:各个国家这些城市都是在沿河的流向发展,空间重新整治,1995年,我曾经去过美国的巴尔的摩,巴尔的摩就是港口改造很成功的典型,还是滨海滨水那种空间改造,那个时候他们已经有这个经验了,包括了伦敦的泰晤士河的整治,泰晤士河往东边河口地区发展,它整个的空间改造,特别是码头区的改造都是很成

上海人民广场

功的。那个时候其他国家给了我们很多经验。还有悉尼达令港的改造，实际上就是滨水空间的整治，根据后工业社会，信息社会的需求调整，都已经在进行了。上海相对说还比较晚，1990年浦东开发，把它作为再城市化的起点，那么整个黄浦江的整治，它的产业结构的调整，都是跟这个再城市化是密切相关的。再城市化的想法，我们当年还没有提出来，这是在世博会筹备的过程中，我提到了这样的一种想法。

采访者：再城市化？

郑时龄：对，中国很多的城市都要面临再城市化的问题，开始他们不能理解什么叫再城市化，我的意思就是说我们现在的城市化，即中国的城市化可能问题比较多的方面，就是事实上我们土地的城市化优先于城市真正需要的那种城市化。还有我们的城市化把人口作为一个重要的指标，就是城市人口跟全部人口的一种比例的关系，其实还是城市化的初级阶段，并没有想到它的品质。在这个过程当中，我曾经参加过几次论坛，像世博会每年都有一次论坛，在论坛中我也提出了这样的概念，就是说上海、北京这种城市，如果说按照城市化率这样计算，我们已经到将近90%。但是我们还是要利用好自己的特点，还是要提高城市化的品质，改善生活。像上海我就说特点是水，以水来提高城市风貌的品质。很多老城区，过去租界那些地方的环境都非常好，这是上海的特点，还有我们一些近代的优秀建筑遗存，应该把它保留下来并加以发扬，每个城市应该有自己的特色，就是从这个角度来谈。所以上海后来在2000年提出来黄浦江的开发，那个时候搞了国际设计竞赛，请了三家国外的

上海外滩夜景

知名公司,各自拿出方案,在2001年初进行评审,然后又请规划设计院细化,把它变成黄浦江开发的规划。次年成立浦江办,来协调黄浦江开发的事务,有一些启动资金的投入,然后从这个开始又考虑到了世博会的发展,所以整个一系列的规划对上海进行了持续的推动,我觉得对黄浦江的开发有非常重要的意义。

采访者:就是再城市化,其实您刚才讲的那个等于产业转型,也属于城市化整体概念的一部分。

郑时龄:对,包括了它的比方说那个城市空间结构的调整,包括了上海重视郊区的发展。搞文化创意也是城市化的一部分内容,但这个文化创意现在也有一些问题,就是它一开始的时候,很多的设计单位都进驻到那儿,一些事务所,甚至租房子都租不到,而若有书店进驻,甚至于是免租金,就是为了让它发展。但是现在这些一点都没有了,都被淘汰了,它即使免租金也办不下去,那些事务所基本上都撤了,现在剩下极少量的这种商业,去创意化的现象十分普遍,大部分都是餐饮、咖啡、酒吧。

上海南京路商业街

上海新天地

上海新天地

采访者：跟上海的新天地差不多。

郑时龄：是的，这与我一直在强调的上海不重视文化有关系，就是说上海的很多文化创意产业，最后都会变成一种去创意化。它最初欢迎艺术家进来，艺术家进来把这个气氛带动了，整个环境品质提高了，开发单位就要提高租金，那么这些艺术家只好走了，就慢慢地变成商业和餐饮进驻，商业在现在网购比较发达了之后也不行了，唯一剩下的就是体验式消费，即餐饮为主了。所以新天地当初做成功了之后，很多的地方都想仿造，我在那个时候就提出来，我说新天地只是一种模式，但不是唯一的模式，那个时候我就说它是美国建筑师按照上海的环境，用欧洲的城市更新的方式来做的东西。因为它那个地方的环境品质还是可以的，利用原来的一些建筑。我说它带了一个很好的头，它把那些石库门的老房子进行改造，本来老房子都要拆掉建高楼，他们把里弄建筑的美展示出来了，利用得淋漓尽致，因此我说它带了一个很好的头。我也说它带了一个很坏的头，它希望把穷人都赶走，让有钱人进来，其实他只保了四公顷不到的地方，但是毁了五十几公顷，周围开了一个人工湖，道路也改了，造了很多豪华的住宅和酒店，所以它只是一种模式。其实比新天地这个房子更好的房子有很多，原来的南面地块许多更好的房子全部拆了，都变成了高级的商铺和住宅。后来在2004年的时候，我们努力保住了泰康路田子坊。

采访者：现在还在？

郑时龄：还在，陈逸飞在那边搞了个画室，那边也有陶艺作坊和艺术家工作室，那个时候已经是创意产业的雏形了，但是区政府觉得没有税收，就想把它拆掉批租建高楼，已经有决议了，区政府决议要批租，台湾的开发商有意向要来。街道办事处党委书记不认可这样的做法，他很有激情，他通过世博投资集团找到我，我就带着人民日报的记者一起去看，去看了之后，我认为这是未来上海的发展方向之一，因为上海需要这样，已经有十几个国家的人在这儿创业，有一些利用传统的符号，比方说中国传统的那种图案做元素，设计的衣服、包这类有创意的产品，在国际上有的大百货公司已经上架了。那里面有建筑师事务所，有室内设计事务所、广告公司、陶艺作坊、陈逸飞的画室，还有一些别的画室，还有一些摄影家的工作室，当然也有商店和酒吧，我觉得这些东西应该保留下来，是未来上海发展的一个趋势。

人民日报登了我的文章，田子坊街道的党委书记是人大代表，我是政协委员，我写了提案，他写议案，交到了市长那儿，市长专门开会讨论这个问题。市长问我去过田子坊没有，我说去了好几次，因为我觉得这个地方应该保留下来，其他人大代表和政协委员也都有很好的意见，最后市政府决议把田子坊留下来。终于保下来了，2006年评为全国最佳创意园区，但是这个书记因为违背了区委区政府的决定而影响了仕途。后来把他调任区科委主任，就是一个闲职，到了后来就平淡地退休了。但是我觉得这个事他做得蛮好，现在政府再去盲目地开发1933老场坊虹口港这块，就不那么顺利了。那个地方现在也是以餐饮为主，但是它有一些艺术品商店，就是卖那种家用的陈设，但是设计得很好，还有琉璃博物馆，这样会慢慢地把气氛带动起来。虹口港这个地块，就是1933老场坊周围地区，现在有一点衰落，我们试图把周围这块地方，打造为一个音乐

上海里弄

上海里弄

上海里弄

中心之类的地方，想采用这种开发模式。

采访者：您说的这个我也很受启发。我们去看过乌镇，或者是西塘，以及周庄这些地方。周庄好一点，老百姓在里面生活，原有的文化生活，或者是这个生活状态都还在，其他好多的地方，像乌镇的东边那块，当地政府把居民都搬走了，改造做宾馆，我觉得成了一个空壳，因为没有原来的那些气息，比如早上做饭，养猫养狗，老百姓出门打水等等生活片断，这些都看不到了，其实这是一个很大的问题，断了原有文化的根基。现在很多的文化创意都有这样的问题。比如说丽江也是这样的，我最早是1989年去的，那个时候四方街还是一个老百姓交易区，现在都是酒吧了，实际上很多人都觉得丽江已经不是原来的丽江了，就是说不是原来的风貌了。这个方面也的确是有矛盾，一个方面要开发利用，一个方面要保持原有的风貌和生活形态，这个方面也是挺大的问题，现在很多的开发区都是这样的。

郑时龄：我觉得可能等到它有了一定的积累之后，会反过来想这个问题，再恢复。像威尼斯也是很商业化，它也是有居民住，但是居民慢慢地都搬走了，因为这个地方不适合居住，所以说国外的此类问题也很典型。像威尼斯大部分都是商业，所以说这是原生态转为旅游区后必须面对的普遍的问题。像意大利的有些城市，基本上都是外来人口。

因为来的人多了，基本上都是这样的一种情况。但是慢慢地它会维持这样一种生活，一种平衡，等到当地一定的资金积累之后或有改观。而且城市也会注意这些问题，因为旅游者来多了以后，城市环境会变得脏乱差，因此会慢慢地采取措施。像田子坊的做法就比较好，把居民都保留，就是这个房子的产权仍然是原住民的，居民可以把房租出去，有一个机构，有专门的开发公司帮助居民签合同，让他们拿着这个租金，足够在别的地方租房子，但是这个房子的产权还是他们的，承租者无权改变结构，所以说这个方式把建筑保留得比较好。

但是这样也有一些问题，因为开始的时候只租底层，因为底层有商业价值，楼上还住了老百姓。下面的酒吧到了半夜12点还在闹，上面打出标语，写什么救救我们，就有这个矛盾。后来又有了调整，要求租房的时候要连楼上楼下一起租，解决了这个问题。它基本保持原来的生活状态，就是这个房子不像新天地只是留了一张皮，而是里面都是新的，田子坊基本上都是原来的东西，所以说田子坊有它的特色，保持了原来的风貌。但也并非完美无缺。有一段时间我也经常会去那儿，我就告诉他们的管理者，说这个交通有问题，交通到了一个地方就断了，要绕很多路，或者说从店里面穿过去才行，紧急情况下疏散会有问题，要打通通道。因为电线都是从外面拉的，我还说要特别注意不要失火。

上海对历史建筑相对来说在全国做得还比较好，2002年上海市发布《历史文化风貌区和优秀历史建筑保护条例》，这是全国第一个由地方出台的保护条例，所以说它采取的各种各样的措施会比较好，而且以前只是优秀历史建筑的保护，现在也变成了历史文化风貌区和历史建筑的保护，而且不是单个的建筑的保护，而是成片的保护，在中心城区里面，列了十二片历史文化风貌区共计大概有27平方公里，新中国成立的时候，上海的建成区是82平方公里，所以保护区占了1/3多。但是这个里面还有一些问题，我们正在讨论是

上海多伦多名人文化街

不是应该把风貌区再扩大，因为现在风貌区等于是一片一片游走在城市中间，其实那个时候那些城市的空间是连在一起的。还有些地方，像田子坊没有列进风貌区，其实还是有它的特色，但是就有着被拆除的风险。

在二三十年前如果提历史建筑保护，人们会说你是保护落后，现在没有人这么想了，如果说现在拆哪一栋老房子，老百姓会用各种方式来反对，甚至让媒体来曝光等等，保护意识比从前提高了很多。

采访者：中国美术馆后面有一个四合院，在政府决定拆除的时候，当地百姓闹得全国知名，而且很多知名人士，专家都签字联名要求保留，可见现在建筑历史文化保护的意识越来越深入人心。

郑时龄：对，这些年来进步的确很大。上海的历史建筑保护采用的方式方法会比较多一点。有一些单个的建筑，可能妨碍市政建设，或者商业开发，会采用更高级的方式来解决。如整体移动，上海音乐厅就是这样移动的典型。最近又移了一座20世纪30年代的住宅，已经列进保护名录的建筑，而且要移到马路边，因而可以很好地进行利用。还有就是有一些建筑的立面，它跟街道的关系密切，但内部结构已经没有什么使用价值了，就应该保留这张皮，里面是可以动的。像北京路那边靠近外滩的地方，有一栋1911年建造的益丰洋行，它既是洋行，又是当时的公寓，最终就是把它那个立面保留下来，里面重新调整，所以说上海对建筑历史文化保护采取的措施还是比较多的。

采访者：这些老建筑在建成上百年后，在功能和安全上会不会有问题？

郑时龄：现在很多这种砖木结构的老建筑，在建造上百年后，出现种种问题，比如防潮、防水、防尘的问题。有些并不是其自身的问题，就更麻烦了。上海的城市建设过程中一直不断地把马路垫高，南京东路地面的高度，跟原来的标高相比，高了五六十厘米，这样马路一垫高，原来防潮尘的功能是在马路的地平标高上面才能实现的，现在变成到下面去了，那么墙体就容易出现腐蚀风化这类问题。像这类列进保护名录的建筑，又往往是公共建筑，还大多是酒店在管理的，可能资金会多一些，修缮的时候会做得比较好一点。但是问题比较大的就是里弄住宅，里弄住宅是砖木结构，又没有资金去修，怎么办呢？所以我们也在讨论，大家有不同的意见，我提出来应该考虑有一些东西可以复建，因为那些建筑当初是房地产投机的结果，偷工减料，当年没有准备让它可能存在一百年，现在还要让它活一百年，它可能一年都活不下去，我们一定要采取措施，当然这个措施要有沿革性，这是很难的。比方说要烧和百年前一样的砖，就没有这个条件。还有，最好是把这些老建筑顶升起来，先把防潮层重做。可能这样经济上不允许，那么应该允许复建它，按照原样复建，但里面的功能可以变。也就是说木结构可以改成混凝土，但是外观不能变，我就希望能够是这样子。但是对此有争论，有一些人觉得要保护历史建筑，不能动，我以为可以在一些没有列进保护名录的建筑去试点，那么总比等到老建筑不行了拆掉建高楼要好很多，或者说你既然没有办法使得它能够再活一百年，那么这种措施可能还是可以的，而且是必需的。

上海豫园及城隍庙

上海豫园及城隍庙

上海新天地

上海有过一段时间，对建业里的建筑进行争论，建业里属于徐汇区的成片保护区之一，那里的马头墙，就是封火墙是非常有特点的，也列为保护建筑，但那里有很多的问题，如自来水是在室外的，住宅里面没有卫生设备，所以区政府一直呼吁，说老百姓生活在水深火热之中，说人大代表，政协委员来视察时，都不敢带他们到这个地方去，只能在边上远观。大家觉得这确实是个问题，那么就认为应该改造，应该把地块批租出去，让开发商来重新改造。重新改造带来这样一个问题：我看见有一张照片从对面的高楼拍下去的，但实际上那片地方很快就拆光了，等到我们来讨论这个方案的时候，其实历史建筑已经不存在了。当时我们只好要求它复建，要按照原来的样子复建。

但复建好了之后也有问题。因为产权人变了。当初两三万一个平方米的补偿价，把原住民赶走了，复建好了之后，卖13万一平方米，还大张旗鼓地做广告。这样一来，媒体、老百姓就都知道了，原来住在那里的人就开始闹了。他们觉得把我动迁出去补两三万，你现在卖十三万一个平方米，这个不应该的，有种被骗的感觉。所以我觉得这种历史建筑的开发呢，其实要注意一些它的产权问题，注意这种暴利引发的问题。

第 4 章

交流篇

院士感悟

采访者：您当了院士以后是不是感觉各方面变化也挺大的，跟过去不是院士的时候相比，学校对您是不是也有很大的不同？

郑时龄：最大的不同就是说话有人听了，有分量了。但其实我觉得更多的是有些事希望我来表态，说个话，是不是真想听我的话不见得。我当院士之后就当选为学部的常委，因为常委都是有年龄限制，另外只能做两届，那么我就当了常委，我记得有一次中科院技术科学部在泰州开常委会，一个下午让我们到城里面坐着车转一圈，第二天就让我们谈谈对城市建设的看法。那个时候我觉得挺难受，我对这个城市不了解，从来没来过，你让我说点什么东西呢？那个时候稀里糊涂地讲一通，不好讲不好，也不好讲得太好，只能是不痛不痒地讲了一下，就很难受。第二年我们在广东中山开会，当天到，然后告诉我第二天要发表意见，阐述对这个城市建设的看法，我就赶快买一张晚上的机票回来了，我对这个城市东南西北都没有搞清楚，我怎么发表意见？我觉得这个太形式主义，他们就希望您赞扬他的话，但是我根本不知道，连赞扬话也不会说。

采访者：压力很大。

郑时龄：对。我们有一次在河南的南阳开会，那一天还有点空儿，被通知第二天的下午，当地领导要听我们院士对南阳的意见，我要求第二天上午去看看当地的规划，到城里面看一看，然后我下午才敢发表意见。当地人们觉得我们说什么都对，其实有时候我们并不了解具体情况，另外有时候让我谈不是本专业的事情，我就觉得更荒唐了，跟我这个领域没有关系的会我一定不参加，还有纯粹礼仪性的事务，诸如开工典礼等我一概不去，还是做我自己专长的事情，直到现在我还在上课，教授们基本上都很少上课了。现在我在上的课是建筑评论，从1992年开始，一直到现在还在上这门课，已经被评为国家精品课程，现在要变成公开课，还专门拍录像。另外还给博士生上建筑理论文献课，每周二有一整天的课。我觉得上课有一个好处，就是要逼着自己看一些新的东西，因为现在年轻人看的东西可能比我们多，如果不接触新的东西，不再补充新内容，以后一定会落后的。

采访者：现在全国有很多城市新区，追随着浦东新区的脚步接踵而来。但新区又有很多问题，如鄂尔多斯的康巴什新区被媒体批评为鬼城，再比如河南的郑东新区，也出现这个问题，我曾经有一次是晚上去的，是一片漆黑，我纳闷这是怎么回事，难道没有人吗？当地人说不是，白天热闹，晚上就没人了。对此您如何评论？

郑时龄：郑东新区评审的时候我就去过，因为是黑川纪章先生的方案，所以那个时候他请我也去参加那个讨论，我是觉得一个新区的问题在什么地方？首先是过于独立了，中国很多地方的新城区都是这样的。新区跟老城其实应该结合的，但是现在很多新区都是跟老城分开，仅靠几条路来联系，没有把它当做一个整体来考虑，这是很大的问题。欧洲的老城保持不触动，然后搞一个新区都在城外，但是它们有紧密的关系，不像郑东新区跟老城几乎没有关系，新区与旧城交通很不发达，它的联系有问题，现在增加了很多个道路后，略有改观。另外一个问题是，为了撑这个面子，带来很多问题，比如说一个局就占一个地块，一幢办公楼有一大块面积，占地很浪费，那个地方综合功能不够，最初中心区设计的全是办公楼，发现此类问题后，造了一些住宅，开始热闹一点了。郑东新区有个大的会展中心，其实这个城市还不需要这样的会展功能，可能到了若干年之后还可以。办公区浪费地是各地新区建设中很大的问题。总的来说，还是要用发展的眼光来看待这些情况。包括上海很多郊区新城，其实都需要十年、二十年的发展，不可能一下子搞起来就成气候。

采访者：发展新城是个思路。北京就是无序发展老城的典型。摊大饼这样的方式太糟糕了，越摊越大，现在都摊到六环去了，这个不是好方法。在区域功能规划上也有问题，比如回龙观住宅区，与丰台南部亦庄的小区相比，有个很大的问题。回龙观是纯住宅，所以每天几十万人从那里出来，几十万人再回去。而亦庄好在哪里？它在同一个区域里，这边是住宅区，那边就是各种大公司，工厂等，所以它自己消化了很多就业需求，它自己的功能设施很完备。

郑时龄：上海的类似问题也存在。我们也经常主张这样的，就是上海应该多中心。所以在这一轮总体规划的时候就提出：多心组团式，但是还不够。现在只是四个副中心，一个中央商务区。我们就主张要有十几个副中心，应该变成很多小城市组成的城市群，所以我们 2003 年提过一个建议，但是那个时候不被采纳。现在我们上海市下面是区，其实我是主张上海市下面还应该有市，它是一个市的组团，它都是自己有一定的独立能力的，但是我们政府的行政体系不允许这个，但是最近好像又有人提这个想法了，应该是下面的行政机构起更大的独立的作用，而且它功能应该完整。

建设中的浦东新区

采访者：我看徐家汇那一块挺完整的，那里基本上城市功能都能解决了。

郑时龄：对。但徐家汇是一个副中心，这个副中心目前的定位基本上是商业中心，还没有形成其他的功能。我就希望像这种太单一功能的中心，还是多加一些别的功能。像浦东的那一块基本上是办公和行政。有一些别的，如东方艺术中心，科技博物馆等，但是还不够，还要增添这些功能。我们主张功能要更完备一点，郊区就是由很多核心功能区组成的，每一个地方的功能相对完整的。我希望应该是这样子，让大家不必都热衷于向市中心跑，应该形成这样的一种局面。

采访者：我知道香港就是这样，香港在九龙塘开了一个新区，那个新区的功能很完备，还开设了大学，完了提供商业区，办公，幼儿园都在里面，也有商场。当地人就不再热衷于到城中心购物，若是到中心地带，如尖沙咀的海港城里物价反而高。

郑时龄：所以在上海我们就提倡这样的多中心功能的完善，就希望能够充分利用好地铁车站以及其周边地带，我们正在推行一些项目，现在讲综合体讲得太烂了，但是我们希望真正做到复合功能，利用交通结合起来做。最近我们讨论徐家汇有一个叫西岸媒体港的地方，那块有九个地块，湖南卫视、星空卫视都要到那个地方来，还有美国的梦工厂也要到那儿来，兰桂坊也要过来。我们参加讨论的时候，就选了一个西班牙建筑师布依盖兹的方案，做一个大平台，整个是立体的功能结构，交通都在地下。当然施工很复杂，因为牵扯到各种管理体制的问题，还有怎么协调的问题，都是各家来开发，怎么综合，整个环境怎么做，蛮复杂的，但是我们希望推行这个。我是起的中间作用，一方面希望它那个方案做得好，另一方面又促进规划部门接受这种方案，才能用一种有力的措施把它推上去，这是我们正在做的一种事情。

除了新的项目，对历史建筑的保护，比如外滩的那块，我一直帮他做顾问，等于是义务性的，每次参加讨论都有促进意见，动手帮他改一些图，使得他做得更好。

采访者：著名的高尔基说过：人学是最大的学问。

郑时龄：因为我们少不了跟人打交道，您觉得人家观点都不行也有问题。要把专业知识告诉他，又不要变成是在教训他。

采访者：您要让他觉得您比他强很多，他很无知，他的确很不高兴。

郑时龄：我觉得其实这些领导也都是非常聪明的人，他可能有他的考虑，建筑师就要设身处地为他着想，我们有时候有一些人就不注意，比如有一次我们到杭州评审一个项目，很明显这个规划有问题：把一个城市的中心放在两条高速公路的交点上，会带来很多问题。有一位院士看到后就说我不参加评审了，我走了，这样让下面的规划局长很尴尬，他要向领导汇报的，领导也要听这个方案的，这样等于是把方案全部否决掉了。我那时候是组长，我说这个方案肯定是要改的，我就想了一个花招，我说这样吧，一共有6个方案，我们把3个方案剔掉，然后这3个方案再去完善。那个院士说这也不一样得投票吗，我们当然还是得投票，因为任务书是这样规定的，否则跟设计单位也没办法交代，跟市政府也没办法交代。我们的责任还是把问题指出来，但是选我们还是选一些，把三个不好的选掉。我说你可以不要投票，保持你的意见，最后还是大家投一个票，你的意见可能是对的，但是人家肯定不能接受。而且一个城市也不是那么快形成的，弄了之后慢慢地它也是会变的，所以我们要把自己的意见讲出来直接告诉他，比你甩手就走了可能更好一些。

采访者：这是一个技巧，沟通、妥协。

郑时龄：因为城市规划和建设肯定是各方妥协的结果，不可能完完全全按照你的理想去实现。在中国这种情况下，不可能做到你觉得最好的，而且你觉得最好的不一定是最好的，它还有各种因素在里面。建筑师既然自己不掏钱来做这种事，所以肯定是有各种因素在里面的。

采访者：现在比过去好多了，还听一些专家的意见，过去就是按照领导的意思，我们出版社杨永生总编就常批评道：规划规划，墙上挂挂。看着好，但是实际当中一定不按你这个做。

郑时龄：现在好多了，总是要听听领导意见，但是也听专家意见。有时候下面的人不敢做，甲方经常也会糊弄上面说，听过专家意见了，实际上还是听领导意见，他听专家意见可能是多少个月以前的事，专家提的他也没有报告上去，他就说听过了，领导也没办法追究对谁讲的，什么时候讲的，就糊弄过去，经常有这种事。

比如我们曾经碰到这样的事：上海世博会博物馆，当初有九个方案，主持这个事的人因为也是政府官员，所以就拿去给市委书记、市长审阅，那时候的书记说这样吧，我们让专家评，专家定了哪个方案，直接报上去。但是要专家从九个方案里选六个，这算怎么回事呢？选六个方案等于不选，然后拿六个方案再去报给领导拍板。头年五月份评审的，一直拖到次年四月份再重新来评一次，因为领导更换，一直没有定论。等到这一届领导换好了，又拿去给领导看，领导还是说给专家评审，然后再来找我们，其实还是原来那六个方案再重新讨论。当然专家有时候也有不一样的，个人观点不一样，我就碰到有些专家，他对方案根本不认真去看，比如文本先给了他，他根本不看，然后到会场上听别人怎么讲，再临场发挥。还有一些专家，可能他也不学习，也跟不上现在发展的东西，他每次开会讲同样的内容，不管哪个方案，他讲的观点永远不错，要生态，要怎么怎么。所以我觉得专家现在也是一个复杂的群体。此外，请专家来，还是要给他一些信息，不能不给他信息，只是到时候让他表态，其实是有问题的。我觉得现在比较好的是有一些东西是专家跟踪，比如一个项目从一开始专家就参与，跟甲方一起讨论，慢慢听甲方的意见，然后一点点发展到深度合作。我觉得这样比较好一点。

采访者：发达国家大型建筑项目的规划和论证是怎么搞的？

郑时龄：国际上是这样的，在一个规划确定之后，基本上就不去变动它了，因为立法了。在我们国家，规划定了之后，仍然可能会有很大的变动。当然，我有时候也发现这个规划做得比较粗糙。因为有时候太急了，几百万平方米的规划，一个星期就要做出来。当时做世博会规划，以及上海历史建筑风貌保护区的规划，都是在相当短的时间里做出来的，缺乏深入的调查，所以将来一定是有问题的。到后来控制性详细规划出来，下面具体实施的时候，就要把不合理的改掉。有时候做规划之前就没有测算过是否能做得过来，有时候给出的一些数据是相互矛盾的，有不合理的地方，所以经常会碰到调整。所以出现这种情况也是没办法的，不得不调整。国外也是这样的，方案当然会从竞赛中得来，竞赛之后，选中某个方案就照这个方案做下去。当然也会有领导说了算的情况，比如说像密特朗就有权利决定。在中央集权的国家，一般来说领导还是会发话的。如果不是密特朗不干预，可能卢浮宫的金字塔就修不了，当然他对巴士底歌剧院干预后选择的这个方案并不是最好的，所以还是要分情况去看待。

名师推荐

采访者：请您谈一谈您所熟识的，认为不错的国外建筑师，给学生们推荐一下？

郑时龄：我觉得黑川纪章，在日本建筑师里面是比较擅于思考问题的。而且他会把建筑及其哲理结合起来。他能比较快地把科学知识，用到他的作品上。所以我觉得他的设计，当然不是所有设计都非常完美，但有相当一部分设计是经过思考做的，所以我觉得黑川纪章跟其他的建筑师不一样，就是他会有理念摆到设计中，我也成为碰到过一些日本建筑师，比如我们这里请过日本的高松伸来作报告，那时候还是使用幻灯片，他就只是一张张地按键，他说建筑师的语言就是图片，没有讲一点思考和想法，他告诉你的东西是无法用文字表达的，你会不知道怎么去理解。

比如有一次上海三林商务区设计竞赛，有人说这是上海的第五个中心，这只是一种说法，想让这个地方变成一种城市副中心。有一位日本建筑师提供了一个动画片，片中的城市一直在变，不知道这个城市最终是什么。但是他理论倒是对的，说城市是没有终结的，城市是一直发展的。但是应该总有一个过程，总有一个想法，他没有，就让我们摸不着头脑。还有像日本建筑师安藤忠雄，他有他的理论，但是我曾经听过他三次报告之后，再也不去听了，因为他的报告基本上就是这些内容，就是那条狗，他小时候怎么样，他怎么自学的，他的理论一直没有更新。当然他的设计还是很不错的。

黑川纪章建立了他自己的一套理论，而且他把理论概念用到设计上去。他会把东京的地质结构跟哲学的思想结合在一起来思考，就会使得这个城市是一种多中心组合的功能，他提出的想法，我觉得还是挺不错的。他最后设计的一个建筑，就是东京的现代艺术博物馆，那个作品还是很优秀的，他也做过外滩15号的方案，虽然没中标，但是我觉得他那个方案，有一点他做的是对的。他是要设计一个正方形的立面，这个立面可能跟环境相比太突兀了一点，他设计了一个粉红色外墙的建筑，跟外滩的环境不适合，但是我觉得他一定是动过脑筋。

国外建筑师里面，我对诺曼·福斯特比较欣赏。福斯特有他的一套理念，他每做一个设计，都是有想法的。比如我看过他在伦敦设计的外号为小黄瓜的瑞士再保险银行。在这个城市的环境里，他做得很完美，虽然它比边上的建筑差不多高出一半，但是你不感到它是突兀的。而且室内空间绿化，生态环境很好。顶部也非常漂亮，而且很轻巧，四周很通透。可惜内部不许拍照，所以那个顶部我没办法拍到照片。顶部的功能是一个咖啡厅。它的设计师是福斯特，像这样的大牌建筑师，一点也没架子。2003年的时候，中国建筑学会召开年会，请他来作报告，我做是报告的主持人。报告九点开始，我想我早一点到，我八点钟先去看会场，他已经到了。然后跟他拍照，大家请他签名什么，他都做了。我就觉得他还是很不错的，他到同济大学也做过报告，以前也认识他，觉得他的设计还是蛮有想法的，我最近还看了一本关于他的书，关于他作为一个建筑师的一生，就专门讲他的经历。

我觉得好多建筑师都喜欢高科技的东西。比如福斯特喜欢自行车，现在还骑自行车，跑马拉松。黑川纪章会开飞机，他也很喜欢摄影，我有一次到他的办公室里，看到桌子上全是各种各样的相机。还有彭一刚先生，他喜欢机械，他自己装配过起重机模型，有一年在北京开会，我们还一起去买坦克模型，他就很喜欢这种东西，齐康先生很喜欢飞机模型，我觉得这些建筑师都蛮有特点的。

采访者：您觉得建筑系的学生或者建筑师来说，摄影对他们来说是非常重要的技能吗？

郑时龄：对，摄影是建筑师的必备技能。以前我们没条件，我们读书的时候相机属于高档奢侈品。但是相机现在也带来一个不好的事情：过去我们都会画画，像齐康、吴良镛、彭一刚先生都专门出了美术作品的书，他们都是画素描或水彩。我们现在就懒了，不动手了，只是用照相机拍下来，而且数码的照片是更方便了，但是缺乏深度的思考，拍照片后也很少去认真地看。

另外，不光要拍好照片，而且怎么建立图片的档案也是有学问的。我们一开始建立的档案框架未必很理想，可能需要重新改造，很花时间。这种给资料分类的事情，要自己做得很合理，以后用起来才会方便，又节省时间，我觉得也是一种管理上的能力。我现在是这样，我以建筑和建筑师为类别来分，建筑就按国家，国家之下就按城市分；建筑师按不同国家分，某建筑师属于哪国国籍，他的作品就归到这个国家里面。这个是根据实际需要，用得最多的方式。

行政心得

采访者：您在高校院长和校长的岗位上工作了多年，对于管理院校方面的经验，您有什么可以向大家推介或者是谈一谈的？

郑时龄：我觉得这样的经历在中国大概是免不了的。业务稍微好一点，就要被变成行政干部，我做事情都很投入，都很认真地去做。做院长和做副校长时，我也是蛮认真的，但是我会比较宏观一些，会有分管各种业务的人去具体分管，比方我那个时候当副校长，我是管教学和外事的，我就做了一点改革：过去哪个学院来一个外国人都要叫校长出面接待请他吃饭。每年我们来三四千个外国人，忙不过来。但为什么一定要这样呢？了解下来，就是因为院系没钱请吃饭，校长请就解决这个问题了。那我就说，就把钱给他们，让他去请了不就完了吗，何必都要校长顿顿陪呢？然后我跟教务处和外事处都讲，有些具体事务你们决定了就做，不一定什么都要来请示，权力下放。有责任我担，不要你们做错了，就是你们的事，我觉得有重要的事情要讨论，但是一般我觉得你就做了，我支持就行了。我觉得这样就会比较好一点。还有，我从来不会打个电话，说哪个处长你上来一下，我会下去跟他一起讨论，大家比较平等地一起来做，这样就会比较好一点，他们也会帮我出一些主意，提的想法往往很好。我觉得我做副校长，管教学之后，大概在一年半以后，我的讲话像是入门了，他们也有评价，开始第一次讲话讲不到点，就讲得少一点，慢慢熟悉了，也讲到点子上了，就能放开讲了。但平常还要依靠大家，因为我肯定管不到那么多，而且刚开始管这些教学的事情，很多规律我还得从头摸索。我就有一条原则：

郑时龄院士2012年3月26日世界生态城市论坛

我不管担任什么行政职务，我还要坚持上课，这一点我始终没有放弃。还有我的专业业务也没有放掉，因为我觉得行政职务是一时的，可能做几年就不做了，我们学院院长一般都只做一个任期。这个职位是临时的，是为大家服务的，但是专业不能丢，丢了之后就再也捡不起来了。

采访者：您在担任院长或者校长期间，对学校的改革，您自己觉得有没有什么重大的调整？

郑时龄：我做院长的时候，很多事情我希望能够制度化，那个时候有一个特点，大家都在外面做事，都自己干自己的，对学院不关心。而且人与人之间的矛盾比较多。我希望提倡一种好的风气，不应该把精力用在纠缠在小事上。希望大家把做的设计事务纳入到统一的管理渠道上。意思就是设计者可以提成，但是一定要作为大家的集体成果，同时大家也承认你的劳动付出。我调整了这个制度，这三年里面可能主要就是做了这些。我没有对教学体系进行大的改动，只是希望大家思考这个问题，因为三年的时间也做不了太多的事。

在当副校长的时候,我做了几件事情,其中有一件外事上的大事。同济大学从20世纪80年代就提出对德联系为主,到1995年,我们的校长,接待美国代表团、大学校长代表团的时候,都跟美国人说,我们是以德国联系为主。我觉得这就很不可理解,没必要这么强调。可以这么做,但是不要那么说。那个时候包括英文版学校介绍在内的各种宣传资料上,没有把德国放在前面的全部毁掉。我就觉得没必要,我那时候也不能说改变方向,我就说我们应该全方位地联系,多元化地联系。所以我们那个时候就开始跟法国相关院校联系,我们与德国学术交流中心一起讨论成立中德学院,他们很支持我们的教学,有很多企业参加了这个中德学院。我还同时做成了一个中法工程与管理学院,和法国人一起谈怎么合作交流。后来我们跟西班牙也联系得比较好,成立了中西学院。甚至于我们中法工程与管理学院有一次把希拉克总统都请过来了。我在巴黎也见过他,巴黎的桥路大学250周年校庆的时候我去了,法国总统也在,我还与法国建筑师一起介绍中法中心的模型给他看。

另外在教学体制改革,那个时候做的,就是希望大家能够安心做这个教学工作,那时学校把城建学院并过来,以后又合并了建材学院,并校之后,教学体系要完整,这个时候再调整这些事。城建学院和建材学院其实都是同济的分部,出去了现在又回来,但是人员差别很大,需要重新整理。那个时候上面有各种各样的指示,像扩招,成倍地多收学生这些事。但是我觉得大学里面对教学其实不重视,我觉得对教学排在顶多是第六位,因为它首先是稳定、学生工作、科研、创收、然后可能是研究生的教学,最后才到本科教学,所以实际上大学里面对本科教学并不是很重视,但我们只能尽自己的力量做好教师工作,发挥自己的作用。

采访者:您现在上课的时候,面对的学生可能和以前完全不一样了。

郑时龄:对,现在完全不一样。

采访者:他们可能思想比较活跃,会经常提一些让老师比较尴尬的问题吗?

郑时龄:现在好像也没有了,因为基本上没时间跟大家讨论,我现在上建筑理论文献,主要给博士生上课。而建筑评论课是大教室,足足有两百多人,课时已经不够,学生也没机会提多少问题。但学生会有别的令人尴尬的事情。建筑学专业的学生,晚上有时候睡得很晚,早上起不来,他就会不来上课,特别是到了要交图的时候更加松散,我们这门评论课因为不考试,可能他就不来。但我们有时候就会采取一些措施,比方说我一看今天怎么只有三分之二的人,还有好多人没来,那我就说,我们下课之前,抽15分钟,大家拿张纸回答个小问题,讨论讨论,计入成绩。然后他们就会给同学发短信,到课间休息的时候,人慢慢地都来了。具体这些人是谁我还不知道。因为不可能点名,人太多。

采访者:您自己从心里来说喜欢那种比较有想法有创意的学生,还是喜欢那种听话的学生?

郑时龄:我喜欢有创意的学生,但是我还希望他踏实一点,即便是有创意，但是不踏实，我觉得可能会妨碍他的发展。我本人就是这样，其实我不是很聪明的人，也没有什么才气，我就觉得我做事情会比较踏实一点，就是一步一步，扎扎实实地把事情做好。

我常常自嘲说我是光学专业，我书读得比人家多，小学六年，中学六年，我们那个时候的大学也是读六年，这一共就十八年了。后来读研究生，读了三年多，然后强化德语学习，读了一年后德语考过了，但是最终是派往意大利的，我又到北京语言学院学了半年意大利语，然后到意大利进修两年，回来后读了三年博士，再加上党校学习，全部加起来读书的时间，有相当长了，将近三十年。这样也有个好处，可能我跟学生比较贴近一点。我发现我当院长的时候，开大会时学生闹闹哄哄的，我一上去讲话，下面会鸦雀无声，我觉得这说明大家还尊重我。

我觉得我对学生能够理解，有些事我会宽容他们，包括一些年轻教师，我们那时候有一个办公室的工作人员，喜欢赌博，组织上要把他开除。我觉得应该再给他一次机会，不要把人家从此就抹杀掉了。还有一个年轻教师，他也是上课不来，很吊儿郎当，系主任说把他开除掉，我说开除就不要了，让他自己辞职吧，你开除了之后弄得人家以后不好办。后来他到日本后变得不错，回来也做得很好。

采访者：回学校了？

郑时龄：没回学校，又回到上海。

郑时龄院士2012年5月在米兰举行的2015年米兰世博会规划国际会议做主题演讲，介绍上海世博会及后世博时代上海的发展

采访者：那应该很感激您。

郑时龄：也无所谓感激不感激，我就觉得年轻人犯错误肯定难免，不要因为他犯了错误之后马上就进行最严厉的处罚。

采访者：有句话叫年轻人犯错误上帝也会原谅。

郑时龄：那个时候我还分管学校的出版社，有一次出版社向我汇报，说有一个工作人员滥用职权。我去查了一下，发现他出了一本书，四名作者中，他名列第一，真正写书的人排第四位，这就不好了。那个时候说要把他交到法院去，我说这个就不要了，警告警告，也不过就是事关几千块的事。这个事情跟他说明一下，以后也不许再干这种事。宽容一点，他犯了错，认识到就好了。那个时候某个系的办公室工作人员贪污学费，她也蛮艰难的，因为又带个小孩，小孩读书很费钱，自己工资又不高，办事的人说要送进监狱去，我说不要，您让她把钱退出来就算了，还让人家工作，不要把人家生活道路给断了，那怎么办，又弄到社会去也不行，把一个会改邪归正的人逼上绝路，这样对所有人可能都不好。

采访者：您在项目设计的时候，也带出了一支优秀的团队，能跟我们介绍一下，其实跟您那个差不多，但是可能跟您现在兼任董事长这个公司可能也有关系，这方面的经验能给我们谈谈吗？

郑时龄：其实我不是法人代表，我只是代表学校参加董事会，我们同济大学的建筑设计院成立得比较早，1952年就成立了。成立了之后，我们读书时期都在设计院实习，所以它的历史比较悠久，老师也都是能够从事实践的。我这个团队也不能算是固定团队，因为我们做设计时往往跟研究生一起，但是后来我有一个研究生毕业了，读了博士，自己开公司，有时候我的设计就和他一起来做，我们一起讨论，可能很多次设计项目，团队的组成都是这样的，重庆有个步行街的设计，那个团队也是临时凑起来的，有一些是我的研究生，还有一些是学院的老师。南浦大桥建筑设计也是系里面组织的，安排青年教师一起参加，就没有固定的团队。我觉得利用设计院的团队挺好的，因为设计院团队也希望有一些项目。它有比较系统的管理，有制度化的体系，有人画图，有人联系各方面事务，就比较正规一点。不像系里面，有时候靠研究生可能做不出太多的事情，他们也缺乏施工经验。我做设计就喜欢从头开始，到实施完成都全程参与。有许多教师可能就只做个方案，然后别人去完成结构等细节。我就希望贯彻到底，直到建造起来，因为这才是我做的设计。不然我的意图贯彻不下去，那样就会事倍功半。

采访者：您的工作太多了，耽误好多自己的事情，我看您最近参加深圳比赛评奖这类活动，感觉挺耽误时间的。这个关系好处理吗？

郑时龄：对，是挺耽误时间的，我实在没得推才做，好多事情我都推掉了，严陆光院士担任宁波大学的校长，他希望我到宁波大学兼建筑学院的院长，他跟我说，你只要一年来一次，只要董事会成员来的时候你出一下场就可以了。我说更不能做，为什么呢，要是正好那一次我来不了，那你还要骂我说一年一次都不来，所以这种名义上的工作我就推掉。我当时就说世博会的工作比较忙，我这次就不来了。但是到后来他自己也不当校长了，那我说更不用来了。好多事我能推掉，但是有些事推不掉，比方政府要求的事，比方上海规划委员会的会，像历史建筑保护这块，我觉得跟我专业有关。

采访者：再一个原因是对上海有情感。

郑时龄：对，也不能不做，所以像这些事会耽误一些自己的时间，自己拼命抓紧时间，周末和晚上找时间写东西。专业我觉得不能放弃，还不得不去开那种会，自己专业还不能放弃。好多地方要请我去当顾问，这个我基本都推掉了，特别是企业要我当顾问我坚决不干。那些礼仪性的活动我一概不参加。

第 5 章

寄语篇

高校时弊

采访者：您怎么看待中国当代建筑的教育现状，您在接触到的年轻的设计当中，您感到中国的建筑行业高等教育中还存在哪些问题？

郑时龄：从1993年起，我一直担任国务院学科评议组的成员，从2008年起还担任国务院学位委员会委员，对各个学校有一些了解，我觉得我们的高校现在这个规模扩大得可能太厉害，社会需求当然是有的，但是一下子扩这么多就有问题了。现在全国有三百多所学校设立建筑学专业，有相当一部分，大概有70%的学校是四年制的。也就是说它不参加评估。评估可以证明它合格，没参加评估不一定就不合格，但是证明了大量的学校其实并不想要纳入规范的建筑教育体系。当然我觉得我们的评估体系，有建筑学学士、建筑学硕士专业学位教育的需求，应该是鼓励各个学校有自己的特色，有自己的特长，但是那些学校它不想纳入这个体系，并不是为了他自己的特长，因为它连基本的师资力量也没有，质量没保证，我觉得这个可能是最大的一个问题。老的一些学校，比如大家讲老八所建筑系，以及大连理工，湖南大学，都主动地与我们这个体系相联系，很快我们就同意授给博士点，因为他们还是有很好的教学力量，而且都蛮投入的，师资力量也比较强，所以还是不错的。

但有相当一部分学校师资力量很差，这是一个比较大的问题，特别是西部学校。因为这边的教师不肯去，包括有一些很有名的大学。有一次要我帮他们评审，他们要建立建筑学的硕士点和城市规划的硕士点，建筑学方面我觉得他已经办了好多届了，有毕业生了，学校名气也比较好，我就同意了。但是规划呢，一是没有教师，也没这个专业，办这个硕士点，我觉得会误人子弟，就说缓办吧。结果他们就把我们这个报告撇在一边，另外组织一批专家评审通过了。这种情况我觉得也蛮多，但我也没办法阻止这种情况。

采访者：我们有一次在景德镇的陶瓷学院，了解到该校有八千多人，还是几年前的数据，现在恐怕早就上万了。高校人数这样扩充，太可怕了。

郑时龄：对，就是那些年扩招的结果，大概是1998年、1999年开始的扩招。我参加了2013年同济大学的研究生开学典礼，竟然有5100之众！当然我觉得也不能完全说扩招不好，如果全国人民都是大学毕业，整体的文化水平会提高。像意大利的建筑学院，一个学院上万学生，所以意大利的建筑学就变成是基础专业，学生读了建筑学，将来还可以做各种各样的事情，甚至去做教师，设计家具设计灯具，什么都可以干，我觉得这也蛮好的，提高整个国家的文化水平。所以大学多一点倒可以，但是我觉得我们的学校和老师，往往是有点过于追求商业的目的。像艺术设计专业，全国大概有几百万人在学，这些人并不一定都是有创意的，只是因为读这个专业文化考试的分数可以低一点，同时学校收的学费可以高一点，那么我觉得这个是有严重问题的。

我鼓励很多专业面对客观情况作出改革。我们前年就开了一次会，国务院学术委员会进行的专业调整，把建筑学分成三个一级学科，我觉得这个做法是对的，这三个学科其实不是同样的内容，差距较大，还是应该分开来。当然有很多人反对，像人大的校长，他说我要提倡国学，怎么不给我们设置成一级学科，风景园林那么小一个专业就要弄成一级学科？尽管有争议，但是我觉得还是分开来会比较好一点。

采访者：您对前些年进行的各大院校大合并怎么评价？

郑时龄：我觉得至少有一点不好：从硬件的角度考虑，把学校搞得很大，有时候会抹杀掉一些学校的特点。上海在这个事情上就做得比较好，像上海音乐学院，本来也要合并，戏剧学院、体育学院都要合并。幸好后来没并，一旦并了，这些学校可能就完了。因为并了之后，并到综合性大学里面，它就不会把精力放在小学院上去。复旦大学把上海医科大学并进去了，这两个学校属于强强联合，但是也带来一个问题。我们最近去看了它那个医学院，发现医学院其实不是很受重视，校舍破破烂烂，规划也没做好。但是为何现在才开始重视这个事情，那或许是因为并了之后就失去独立性了，就带来这样一个问题。

采访者：合并的事应该是一种自愿的方式，强强联合，现在是为了合并而合并。如果说优势互补那是最理想的，比如说专业近似的前提下，你有教学环境，有硬件，我这边有师资，然后大家合在一起，优点就都有了。而实际上就是用行政命令来实现合并。

郑时龄：合并了之后，好的学校普遍受到了很大的伤害。像现在的同济是五所学校合并而成的，而且其他几个学校都是很弱的，这就把评估体系弄惨了。比方说这些教师的学历，很多都没有博士学位。像我们合并的铁道大学，只有一个博士点，而其他几个学校根本没有博士点。而且最荒唐的是合并了一所航空工业专科学校，这所学校本来只是中专，为了办航天航空这个专业，就把它给合并进来了。我觉得这个事情就很荒唐，根本就是为了扩充，不管教学质量。最近学校要新成立个创意设计专业，过去有工业设计、艺术设计、环境艺术设计，专业目标是明确的。而创意设计专业我觉得很不可思议，专业名称就不符合逻辑，培养目标是什么呢？试想任何设计没有创意还称其为设计吗？

高校还是要有自己特点，并注重教学水平。现在教学上面又提出专业设置要根据社会的需要，其实我觉得这个提法有一点问题：不能只看眼前社会需要，还要看长远的社会需要，所以对学科的发展还要考虑平衡，有一些专业可能现在不是很需要，但是从社会发展角度来讲，从学校的传授知识的功能，从学科的发展来讲是必要的。

最近学校成立学术委员会，把我弄来当学术委员会的主任。因为现在提出的大学章程是：党委领导，校长负责，教授治学，民主管理，要体现教授治学，原来学术委员会都是校长兼主任，现在要让教授来兼任。会上就要我们讨论专业设置，讨论这些东西，我就觉得应该提个长远的思想，然后谈一谈。我就提出：现在高校很重视人才引进，但是我觉得更重要的，是自己人才的培养。不要都是引进大树，城市把大树引进来，原来这儿的小树就死掉了。高校自己不去培养，而且不太可能把所有的人才都弄到你这个学校里来，所以还是得自己培养未来的人才。这样一来，人才对于高校是有感情的。现在只是外面来的引进的人才，什么好的待遇都给他，这里的树连水都浇不到，我觉得会有问题。所以我提出这样一个问题，因为我们学校有这种趋势。上海以及很多地方，在进行城区改造或进行区域的发展规划,在讨论的时候,都提出要引进五百强,我就质疑,你有什么条件能够引进五百强,你还不如与将来的五百强一起成长,你应该是走这条路的。但是这种说法可能一般人听不进去,他就觉得,我一下子短平快,我引进了这个大树。高校的评估体系也是根据这些,考察你学校有多少院士,多少"千人计划"等等。这是不对的。

点拨后人

采访者: 最后,给年轻的学生,以及他们的家长,说说您的人生感悟及对他们的寄语。

郑时龄: 我年轻的时候,学习的环境和现在无法相提并论。那时候老师不敢讲课,哪怕是纯粹的自然科学知识。读书读得好,也会遭到批判,政治运动又很多,学校又比较左,不让我们学生接触外文资料,对国外的情况基本上属于茫然无知。那时候《建筑学报》是唯一的信息来源,建筑学报可能有过几期介绍亚非拉国家的建筑,那就算是很好了,毕竟还有一点介绍国外的,发达国家的信息一点都没有介绍,所以我们那个时候属于很封闭的。但是也很庆幸,改革开放之后,我觉得一个人的机遇跟他的经历与社会是结合在一起的。有很多比我早一辈的老师,在可以做事情的时候没事情做,等到有事情做了,他们却退休了,也没机会再继续做了。

我正好卡到那个边,如果不是研究生重启招生,我可能也读不了研究生,可能我这个经历就是完全不一样的。所以我觉得可能这

郑时龄院士2010年5月12日在世博会的越江渡船上与世博志愿者合影

种经历没办法复制,不管怎么样,每个人都会经历很多东西,这个都是非常有意义的东西,要认真对待。即使我们去荒郊野外进行现场设计,生活很艰苦,碰到各种各样的困难,有人或许会认为是浪费青春,其实不一定。它可能也会锻炼你,比如那个时候我们没时间读书,大学里面都搞政治运动,开会特别多。但我就会抓紧其他时间去读书,早上别人还在睡觉,我可能起来早读,晚上会晚睡一会儿看看书。逆境反而会激励你,可能反而时间利用得更充分。

现在学生没有这么多的政治运动,没有这一类了,但是学生可能因为其他诱惑多了,读书时间可能会更少。我们那时候生活条件差,也没地方去,基本上时间就是用来读书。不过要从两面看问题,一个人的经历也是要靠自己去设计的,你要自己意识到这一点。但要做到的话并不容易。我觉得每个人一定要寻找各种事情内在的道理,即哲理。每件事情都有哲理,你从事的工作也有哲理。你去想明白东西之后,自己会容易超脱一点,不会愤世嫉俗或者怎么样。那些情绪其实根本没有用,即使是怀才不遇。你懂得事物内在的道理后,你自己的一些选择,跟社会或者说历史的车轮能够交汇在一起，你就特别顺，如果碰不到，那就没办法。

我那个时候，在大学的时候，我曾经读过一本居里夫人传，里面有一段话，我觉得很有意义。她说了我们跟这个社会的关系，社会是一个大的轮子，如果你去对抗它，会被碾得粉碎。但是你完全跟这个社会那样去随波逐流，你又会觉得看不起自己。所以跟社会环境是怎么一个对应的关系，我觉得也是非常重要的。这个社会在发展过程中，你非要去扭转，这不是我们能够做的，改变不了的。但是您也不能够去附和整个社会的俗媚之气，你既不能对抗，也不能跟随，要在这两者之间找出均衡点，实现人生价值。

有些家长也是很现实的，现在我觉得有一个普遍现象，大家都想望子成龙。其实不可能都是龙，但是我们又没有一种机制，就让你觉得不成龙也是可以的，好像不是龙，社会就是不接纳他了。我有时候在其他城市做报告，包括在上海做报告，我就经常指出：说我们现在人才观有问题。现在这些领导们，你们当然是人才，一个城市的书记、市长，没有你，这个城市简直就运转不下去。但是实际上，你可以到北京开会两个星期，城市照样运转。而城市中有许多人如果他不干活的话，就运转不下去。如果整个城市的公交司机某天不上班了，这个城市就乱套了。医院里面的护士、值班医生没有了，小学教师不上课了，还不天下大乱了。其实每个人都是人才。

我有时候也到中学里去做报告，因为他们请来院士作报告，觉得很权威。其实我觉得不一定非要请院士。像美国有些学校他就请消防员，就请个普通人来讲。我觉得当普通人也没什么不好，有时候当了什么重要角色之后，反而自己会觉得寒心。比如我讲的有些观点不一定对，但是人家因为我是院士，所以就去盲从。其实我就觉得我们现在应该讲平等，所有人都是平等的。我们现在是把从事社会必需的很多职业的人当弱势群体，其实不对。我们需要的是对每个行业都能实现公平，而不是不公平地对待，再去加以同情。所以我觉得这个社会观念，其实也是一个价值观，一种价值的取向，需要我们每个人通过生活的点点滴滴，在行动中去树立正确的价值观。